ドーリング・キンダースリー＝編　町田敦夫＝訳

目で見る宗教

何をめざして生きるのか?

さ・え・ら書房

DK

LONDON, NEW YORK, MUNICH,
MELBOURNE, and DELHI

A DORLING KINDERSLEY BOOK
http://www.dk.com

Original Title: What Do You Believe?

Printed and bound in Hong Kong by Toppan Printing Co., Ltd.

〈装画・装丁〉
田島 菫美

目で見る宗教 何をめざして生きるのか？

2011年7月 第1刷発行
編／ドーリング・キンダースリー
訳者／町田 敦夫
発行者／浦城 寿一
発行所／さ・え・ら書房
東京都新宿区市谷砂土原町3-1 〒162-0842
Tel.03-3268-4261 Fax.03-3268-4262

 ISBN978-4-378-04130-8 NDC160
http://www.saela.co.jp/

こんな疑問を持ったことはありませんか？　なぜわたしたちは生まれてきたのか。死んだらどうなるのか。神様はいるのか。いるとしたら何のためなのか。
頭にターバンを巻いた人びとや、牛肉や豚肉《ぶたにく》を決して食べない人びとがいることを知って、なぜなのかと興味を引かれたこともあるかもしれません。それらはいずれも宗教に関係しています。何億、何十億という人びとが、宗教を驚《おどろ》くほど大切にしています。宗教は世界を動かす大きな力をもっているのです。

この『目で見る宗教』には、世界の主だった宗教がもれなく紹介《しょうかい》されています。また、信仰《しんこう》が人びとの考えや生き方にどのような影響《えいきょう》を及《およ》ぼすかについても書かれています。宗教についての様々な疑問も提起しているし、部族宗教、現代のスピリチュアル思想、宗教と科学の対立といった、じつに多彩《たさい》なテーマを取りあげてもいます。
そうした各章を読むことで、皆《みな》さんは数多くの興味ぶかい事実を知るでしょう。そして新たな疑問にぶつかり、さらに多くのことを知りたいと思うでしょう。「何を信じるべきか」は、わたしたちにとって最も重要な問題です。この本は、そのヒントを与《あた》えてくれます。

Aled Jones

アレッド・ジョーンズ

もくじ

宗教のはじまり

人類が地球上にあらわれた当初から、宗教は常にそこにあり、人びとが生きる指針となっていた。

だが、最初の宗教とはどんなものだったのだろうか。どのようにして誕生したのだろうか。また、どこで始まったのだろうか。

古代の文明は、自然界に存在する太陽や星、ネコやウシなどをあがめた。人びとは、神が収穫《しゅうかく》や戦争、狩《か》りなどを左右すると信じ、簡単な取り引きをした。「ヤギをいけにえにするから、作物を守ってください」という具合に。

それから何千年かがたつあいだに、いくつかの宗教が大きく勢力を広げた。そうした「世界宗教」を信じる人びとは、今では何億人という数になっている。その一方で、独自の宗教を作りだす人びとや、宗教を完全に捨てさる人びともあらわれている。

人はなぜ宗教を信じるのか？

太古の昔から、人は信じるに足る何かを（または誰《だれ》かを）求めてきた。信仰は世の中を理解する助けになるからだ。場合によっては、「人はなぜ生まれてくるのか」「死んだらどうなるのか」といっ

何を信じるのか？
この本には、様々な宗教や哲学《てつがく》思想が紹介《しょうかい》されている。それらに共通するのは、「現世を超《ちょう》越《えつ》した目的」があると考えることだ。
唯一《ゆいいつ》の神を信じる「一神教」もあれば、多くの神を信じる「多神教」もあり、神を信じない「無神論」もあるのね。
宗教って何なのかしら？
世界的な宗教の主な教えや、しきたりもな。
宗教の7つの要素を教えてあげるよ。

この本を読むかどうかは君たちの自由だ。

た人生の大問題さえ解ける。宗教や信仰や哲学《てつがく》思想は、信じる者に安らぎと共感を与《あた》えられる。ただし信じない者にとっては、単なる無用の長物なのだが……。

どうして宗教を信じるのかな？
生まれながらに信者になる人もいれば、自分の意思で信者になる人もいるんだ。
宗教は何のために生きるのかを教えてくれる。でも、かえってわからないことが増える場合もあるわね。
でも、わたしは信じないわ！
神はいないと信じる「無神論」や、神がいるかどうかはわからないと考える「不可知論《ふかちろん》」もあるのね。
無神論者は「現世を超越《ちょうえつ》した目的や意味」が存在するとは考えないんだ。

だが読めば、ほかの人びとがなぜそう考え、そうふるまうのかがわかるだろう。まずは理解することから、他人に対する寛容《かんよう》や尊敬の気持ちが生まれるのだ。

古代の信《しん》仰《こう》

古代の人びとは芸術作品や工芸品のなかに、自分たちの信仰を表現した。彼らが残した彫刻《ちょうこく》や絵画、巨大《きょだい》な建造物は、当時の礼拝や儀式《ぎしき》の様子を現代に伝えている。

わたしたちのような人間（現生人類）が初めて地球上にあらわれたのは、およそ20万年前のことだ。

ストーンヘンジ

イギリス南部に残された、環状《かんじょう》の巨石群《きょせきぐん》。周囲には有史以前の墓や、儀式用の通路が配置されている。造られた理由や目的ははっきりしていない。月日を知るための道具だったという説もあれば、礼拝やいけにえの場だったという説もある。一部の宗教団体の人びとは、今も夏至や冬至になると、ストーンヘンジで祭事を行う。

60個ほどあった巨石は、紀元前1500年前後に並べかえられた。

紀元前15,000年　紀元前3100年　紀元前3000年

洞窟壁画《どうくつへきが》

フランスやスペインの洞窟には、古い壁画が残されている。そこには野牛やシカやウマが、ライオンやヒョウやサイと一緒《いっしょ》に歩きまわる光景が描《えが》かれている。専門家によれば、こうした動物の絵は、特別な儀式《ぎしき》が行われたなごりだという。

ラスコー洞窟《どうくつ》（フランス）の壁画は、紀元前1万5000年前後のものだ。

聖なる塔《とう》

現在のイラクの領域で、シュメールと呼ばれる古代文明が発達した。聖職者は神の代理人と見なされ、宗教と政治の両面で権力をふるった。それぞれの都市国家が独自の神を信じ、ジッグラトと呼ばれる巨大《きょだい》な建造物を造った。

シュメールの水の神、エンキ

居ならぶ神々

古代エジプトの神や女神は、その多くが太陽、風、雨などの自然の象徴《しょうちょう》だった。神殿《しんでん》や墓所には、それらの神々を動物の姿で表現した絵画や彫刻《ちょうこく》が残されている。たとえば太陽の神はタカ、収《しゅう》穫《かく》の女神はコブラだ。歴代のファラオ（王）もまた、神と見なされた。その一方、エジプトの古文書には、特定の名をもたない、万物を支配する「神」についての記述もある。

王と天空と戦いの神、ホルス

これぞ
神々の暮らし!

紀元前2500年　紀元前1500年　紀元前447年

祖先への崇拝《すうはい》

中国の殷朝《いんちょう》の王たちは、神託《しんたく》をつうじて祖先の霊《れい》と交信した。王が何かを決断しようとするとき、聖職者はカメの甲羅《こうら》や動物の骨に質問を書きつけ、熱した金属の棒を裏面から押し当てた。すると、骨の表面にひびが入り、そのひびの形を見ることで、祖先からの回答を読みとったのだ。

頼《たよ》りになる女神

古代ギリシアの人びとは、アテナ（アテネの守護女神）をはじめとする数多くの神や女神をあがめた。またプラトンやソクラテスのような哲学者《てつがくしゃ》の思想にも影響《えいきょう》を受けた。哲学者たちは、神々や、人生の意味や、死後の世界について考察した。

わたしが
守ってやろう。

技芸と知恵《ちえ》と軍略の女神、アテナ

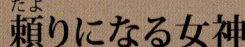

やがてインドで……

インドは長く豊かな宗教的伝統を持つ国だ。ヒンドゥー教は、ここで5000年以上前に誕生した。その後もジャイナ教、仏教、シーク教などが次々と生まれ、多くの信者を獲得《かくとく》した。

ヒンドゥー教の聖典

ベータは神の啓示《けいじ》が書かれたヒンドゥー教の古い聖典だ。何世紀ものあいだ、口づてに伝えられていたが、賢者《けんじゃ》ヴィヤーサ（別名クリシュナ・ドヴァイパーヤナ）が4編にまとめた。4編のベーダには儀式《ぎしき》やいけにえ、祈《いの》りの方法が記されている。神々のすむ宇宙は地、空気、天に分かれるとされる。

ヴィヤーサはクリシュナ神の化身と信じられている。

紀元前2300年代

紀元前1500年代

インダス文明

ヒンドゥー教を生んだインダス文明は、紀元前2300～2000年ごろに、現在のパキスタンで栄えた。なにぶん古い文明なので、当時の宗教儀式《ぎしき》や礼拝の様子は、残された遺物から推測するしかない。遺跡《いせき》からの出土品の中には、いけにえを乗せる供物台のようなものや、水浴の儀式に使われたと思われる大きな水槽《すいそう》、神々と見られる素焼きの像などがある。

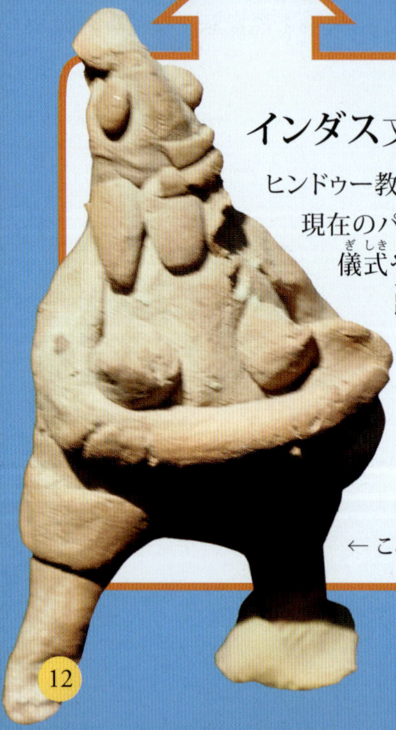

← これは多産の神の像かもしれない。

この印章はモヘンジョダロ（死者の丘《おか》）と呼ばれる都市遺跡《いせき》から出土した。
↓

ラジャスタン州（インド）の寺院に置かれた、ジャイナ教の開祖マハービーラの像。

タンジャブール（インド）のブリハディスバラ寺院

魂《たましい》の解放

ベーダの権威《けんい》を否定し、犠牲《ぎせい》と儀式《ぎしき》を重視する人びとが、仏教とジャイナ教をつくった。彼らは自己と宇宙についての崇高《すうこう》な知識を得ることが、人生の最終目標だと考えていた。

グプタ朝

文化や宗教が繁栄《はんえい》したインドの黄金時代だった。寺院でのプジャ（祈《いの》りの儀式《ぎしき》）が盛んになり、ヒンドゥー教の様々な宗派が誕生した。

紀元前500年代　西暦300年代　1500年代

第10代のグル
グル・ゴーヴィンド・シング
（1666年～1708年）

仏教の成立

インド北部で生まれ育ったゴータマ・シッダールタ王子は、初めて宮殿《きゅうでん》を出たときに、世の中に生・老・病・死の苦しみがあることを知ってショックを受ける。王子はその理由をさぐろうと、菩提樹《ぼだいじゅ》の下で瞑想《めいそう》に打ちこんだ。そしてついに悟《さと》りを開き、ブッダとなった。それからの彼は、どうすれば自分と同じような自由で満ちたりた境地になれるのかを人びとに説いて、一生をおくった。

シーク教

シーク教を作ったのは10代続いたグル（導師）たちだった。初代のグル・ナーナクは、神は唯一《ゆいいつ》のものだと信じており、それが彼らの信仰《しんこう》の基礎《きそ》になった。続く240年ほどのあいだに、2代目以降のグルたちがシーク教に様々な要素を加えた。

そのころ中東では……

一神教の世界宗教であるユダヤ教、キリスト教、イスラム教は、いずれも中東にルーツを持つ。ゾロアスター教も中東で生まれた宗教だが、こちらは善と悪の戦いという二元論が中心になっている。

ペルシア帝国《ていこく》の国教

ペルシアの北東部（現在のイラン）でゾロアスター教がおこった。預言者ゾロアスターが、神の啓示《けいじ》を受けたのが始まりだ。ゾロアスターはこの世界を、善神アフラ・マズダと悪神アングラ・マイニュの戦いと見た。その教えは、動物をいけにえにしたり、自然界の神々をあがめたりする従来の宗教観とは相反するものだったが、ある小国の王がそれを国教として採用。それを手始めに、ゾロアスター教は強大なペルシア帝国の全土に広まっていった。

こちらが中東

ゾロアスターが生きていた時代には、偶像崇拝《ぐうぞうすうはい》が行われていた。

紀元前2000年　紀元前1200年　紀元前1000年

父祖アブラハム

ユダヤ教の聖典には、神がアブラハムを偉大《いだい》な国民の父祖として選んだと書かれている。そこでユダヤ人たちは、アブラハムと息子のイサク、孫のヤコブを、ユダヤ教の開祖と見なしている。アブラハムにはまた、イスマエルという息子がいた。こちらはイスラム教徒からアラブ民族の父祖と見られている。ユダヤ教、キリスト教、イスラム教は、「アブラハムの宗教」とも呼ばれる。

神はアブラハムに、子孫が星の数ほど増えるだろうと告げた。

ユダヤの律法

モーセはヘブライ人（ユダヤ人）の指導者であり、預言者だった。彼はユダヤ法の基礎《きそ》となるトーラー（律法）を神から与《あた》えられた。トーラーにはこう書かれている。神はモーセと契約《けいやく》をかわし、ヘブライ人たちを約束の地カナン（現在のイスラエル）に導くことを約束した、と。

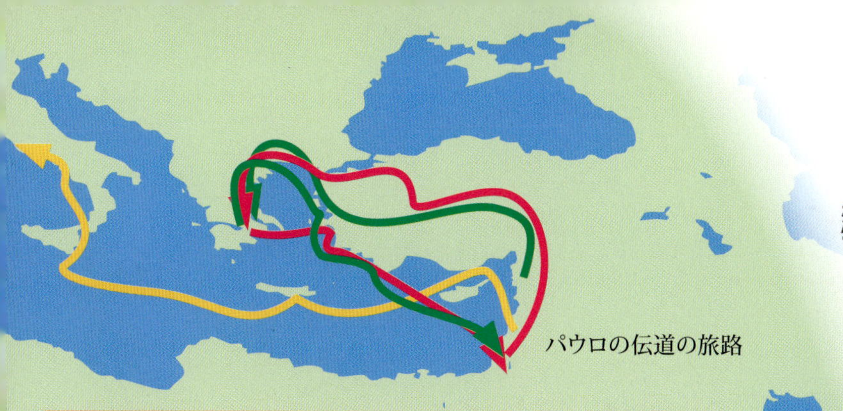

改宗したパウロ

パウロの伝道活動は、キリスト教の普及《ふきゅう》に大きな役割をはたした。ユダヤ教徒だったパウロは、当初はキリスト教徒を迫《はく》害《がい》していたのだが、シリアのダマスカス近くで神の啓示《けいじ》を受け、キリスト教に改宗したのだ。西暦《せいれき》46～68年にかけて、パウロは地中海各地の教会を訪ねた。そして選ばれた少数の者だけではなく、誰《だれ》もが神の救済を受けられるのだと説いた。パウロの教えは、その多くが書簡のかたちで残されており、一部は聖書にも記載《きさい》されている。

預言者ムハンマド

イスラム教徒にとって、ムハンマドは、アブラハム、モーセ、キリストらに続く最後の預言者だ。23年間にわたり、ムハンマドは天使ガブリエル（ジブリール）をつうじて神の啓示《けいじ》を得た。彼が創始したイスラム教は、その後、中東全域に広まった。

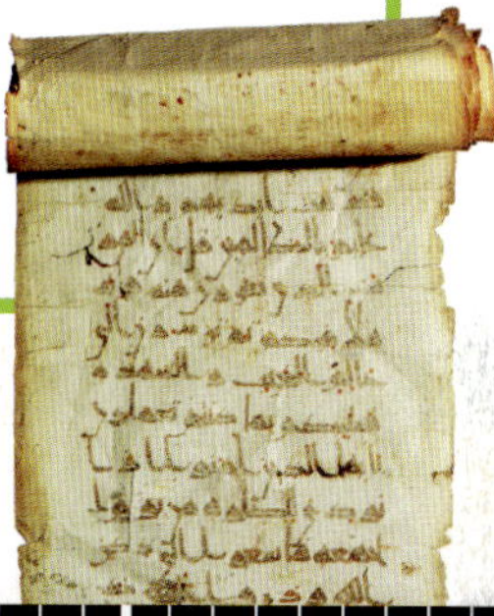
コーランはムハンマドに授けられた啓示をまとめたもの。

西暦30年　46年　610年　632年

656年に第4代カリフとなったアリー

神の子、キリスト

聖書によれば、イエス・キリストはガリラヤの地（現在のイスラエル）で3年間、神の王国について伝道した。その際、彼は神の権威《けんい》をもって話しているのだと語った。ユダヤ人の権力者とローマ人はこれに激怒《げきど》し、ついにはキリストをはりつけにする。弟子たちは、そのキリストの復活を目にして、彼こそはすべての民衆のメシア（救世主）だとたたえた。

正統派カリフの時代

632年にムハンマドが死ぬと、アブー・バクルがカリフ（イスラム共同体の指導者）となった。イスラム帝国《ていこく》は発展を続けたが、第4代カリフのアリー（ムハンマドの養子）の死後、イスラム共同体は分裂《ぶんれつ》した。アリーの子孫でなければムハンマドの正統な後継者《こうけいしゃ》とは認められないと考える者たちは、多数派（後《のち》のスンニー派）と決別して、シーア派となった。

632～634年のカリフ、アブー・バクル

中世から近代へ

中世以降、ヨーロッパに大きな変革が起こった。キリスト教とユダヤ教が内部分裂《ぶんれつ》を起こす一方、科学の権威《けんい》が増し、宗教的な真理や価値に疑問が突《つ》きつけられた。

二分された教会

4世紀の末に、キリスト教はローマ帝国《ていこく》の国教となった。しかし476年に西ローマ帝国が滅亡《めつぼう》すると、ギリシア語を話す東方教会と、ラテン語を話す西方教会との溝《みぞ》が深まった。1054年、三位一体や教皇の権威についての意見の食い違《ちが》いから、キリスト教会はローマ・カトリック教会（西方）と東方正教会に分裂《ぶんれつ》した。

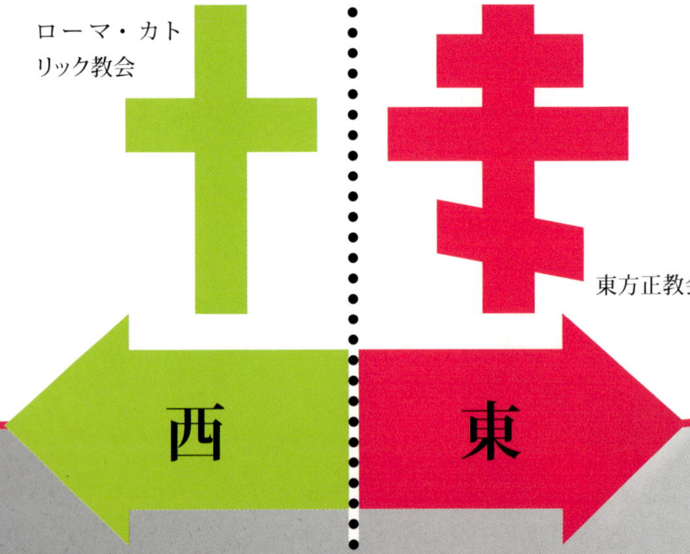

1054年　1517年　1530年代

プロテスタントの登場

ドイツの聖職者マルティン・ルターは、1517年に『95か条の論題』を発表して、教会とその権力を批判した。ルターは1521年に破門されるが、その思想はプロテスタントとして知れわたり、ヨーロッパ全土で支持を広げていった。

宗教改革

1520～30年代にかけての宗教改革でプロテスタント教会が増加した。マルティン・ルター、カルバン、ツビングリらがヨーロッパの各所で教会の改革を進め、ローマ教皇との関係を断った。1534年にはイギリス国王のヘンリー8世が、自らを首長とする英国国教会を創設。それによりイギリスのプロテスタント人口が増加した。

プロテスタントは聖書の権威に重きをおいた。

啓蒙《けいもう》思想の時代

17世紀以降、探検や科学研究による発見があいつぎ、人びとの世界観が広がった。その流れを受け、18世紀には啓蒙思想が誕生する。知識人たちは、宗教的な真理や価値を、科学的な手法をもちいて論じるようになった。彼らは理性を持つことで、宗教的な迷信や不寛容《ふかんよう》から解放され、自分のために物を考えることができるようになると説いた。宗教的な真理は必ずしも否定されたわけではなかったが、教会は真理を定める唯一《ゆいいつ》の権威《けんい》ではなくなった。

「1点の疑いもなく真実だとわかるまで、それを真実だと認めてはならないのだ」

フランスの哲学者《てつがくしゃ》、ルネ・デカルト（1596～1650）の思想は、啓蒙《けいもう》主義の時代に大きな影響《えいきょう》力《りょく》をもった。

バハーイ教

19世紀は科学一辺倒《いっぺんとう》の時代ではなかった。1844年、バーブというイランの預言者が、ムハンマドを継《つ》ぐ新たな預言者があらわれると説いた。1863年には、バハー・アッラーがバハーイ教を創始した。

1700年代 | 1800年代 | 1844年 | 1859年

ユダヤ教の改革

1810年、ドイツのゼーゼンに、初めての改革派のシナゴーグ（ユダヤ教の会堂）が建てられた。改革運動自体はその20年ほど前から始まっていた。そのころ、多くのドイツ系ユダヤ人が、時代に合わなくなった信仰を捨てていたためだ。改革派はユダヤ教特有のしきたり（食事にまつわる戒律《かいりつ》など）を省くことで、人びとが信仰から完全に離《はな》れるのを防ごうとした。省かれたしきたりの多くは、その後、ゆるやかな形で復活した。

過激な学説

1859年に出版した『種の起源』のなかで、チャールズ・ダーウィンは生物の進化に関する学説を唱えた。これはキリスト教の世界観とは相反するものだったため、教会と進化論者のあいだに論争が起こった。もっとも、ダーウィンを含《ふく》む多くの人びとは、神と進化の両方を信じても問題はないと見ていた。

チャールズ・ダーウィン
（1809～1882）

世界の主要な宗教

この章では、世界の主要な宗教（信仰《しんこう》や世界観という呼び方をしてもいい）を紹介《しょうかい》しよう。

それらは何を教えているのだろう。信者に何を求めているのだろう。ほかの宗教とどこが違《ちが》うのだろう。

それぞれの宗教について書かれたページを、君たちは自分自身の生活とひき比べて読むことだろう。人は一般《いっぱん》に、そうやって互《たが》いを理解しあうものだ。だが部外者の目にうつるものと、その宗教の信者が見ているものとは、必ずしも一致《いっち》しない。そのことは心に留《と》めておいてほしい。

もうひとつ忘れてならないのは、同じ宗教の信者でも、しきたりを守る度合いは人それぞれだということだ。ほかの人より熱心な信者もいれば、そうでない信者もいる。

宗教とは何だろう？

なぜ生まれてきたのか？

宗教を学ぶということ

宗教を学ぶのは、かつては宗教家がほとんどだった。彼らは自分たちの信仰を、より深く掘《ほ》り下げようとした。50年ほど前に、著述家で大学教授のニニアン・スマートが、世俗的《せぞくてき》な宗教研究を開始した。宗教を、たとえば地理を学ぶように学ぼうというわけだ。だが、宗教を真に客観的に研究することができるのかと疑う声もある。わたしたちは、常に自分の宗教観という色眼鏡をとおして、物を見てしまうからだ。

信仰《しんこう》とは何か？

信仰を持つということは、何か（または誰《だれ》か）を強く信頼《しんらい》するということだ。キリスト教なら神が、仏教なら仏教的な世界観が信頼の対象となる。たしかな証拠《しょうこ》がなければ信仰はもてないと考える人もいれば、神や真理に物理的な証拠は必要ないと考える人もいる。

信仰《しんこう》って大事なの？

ある人びとにとっては、信仰は宗教の核《かく》心《しん》だ。彼らにとっては、たとえば神を信じることが、毎日の生活の基礎《きそ》になる。一方、内面の信仰にはそれほどこだわらない人びともいる。彼らが重視するのは、宗教的なしきたりを守り、決められた生き方をつらぬくことだ。

宗教の７つの要素

宗教とは何かを定義するのは、意外に難しい。宗教のなかには神を持たないものもある。決められた服装をすることや、特定の食物を避《さ》けることを信者に求める宗教もあれば、そうしたルールをまったく持たない宗教もある。それでは、どの宗教にも共通する要素とは何だろうか？　ニニアン・スマートは、すべての宗教で多かれ少なかれ見られる７つの要素をまとめた。

1 しきたりと儀式《ぎしき》

宗教にかかわるすべての行動は、これに当たる。祭り、結婚式《けっこんしき》、礼拝などは儀式の例であり、特定の食品を避《さ》けることなどは守るべきしきたりの例だ。

2 体験と感動

宗教的な体験は人それぞれだ。心のなかにかすかな導きの声を聞く場合もあれば、幻視《げんし》や啓示《けいじ》や奇跡《きせき》をつうじて神の姿を見る場合もある。

3 物語と神話

すべての宗教には、文字や口伝えで伝えられてきた物語がある。そこには、その宗教の歴史がつづられ、生き方の手本が示されている。

西洋で「信仰《しんこう》の道に入る」といえば、かつてはキリスト教の修道士や修道女になることを意味していた。

宗教とは人生の大問題を解くための方策だ。

何のために生きるのか？

死んだらどうなるのか？

4 教義または哲学《てつがく》

教義は物語と密接に結びついており、しばしば物語を発展させたものになっている。それぞれの宗教の公式なルールであり、教えだ。

5 道徳と法

信者がいかに生き、行動すべきかを規定するもの。一部の法は、教えと同様、時代におうじて変わる。

6 社会と施設《しせつ》

教会などの宗教組織が、ここに含《ふく》まれる。そうした組織や、その指導者は、個人の生活に物理的な影響《えいきょう》をおよぼす。

7 物質的な要素

寺院などの建築物から、芸術作品、イコン、儀《ぎ》式《しき》につかわれる道具まで、宗教にかかわるすべての物品が、これに当たる。ある種の場所（エルサレムのような聖地など）も、ここに含《ふく》まれる。

君は何神論？

宗教はしばしば「～神論」という言葉で分類される。これには次のようなものがある。

一神論：ユダヤ教のように唯一《ゆいいつ》の神を信じる宗教観。

多神論：ヒンドゥー教のようにたくさんの神々を信じる宗教観。

汎神論《はんしんろん》：「すべては神である」とする思想。万物は神であり、神は自然のなかに見出せると考える。

万有内在神論：「すべては神のなかにある」とする思想。物質的な宇宙はすべて神の一部だが、神はそれ以上の存在でもあると考える。

不可知論：神が存在するかしないかを決めるには、証拠《しょうこ》が不十分だとする思想。科学者であり哲学者《てつがくしゃ》でもあったトマス・ハクスリーが、この言葉を作った。神がいるかいないかは答えられないのだから、そのまま答えを出さずにおくべきだというのが、ハクスリーの主張だった。

無神論：人間主義のように、神（々）の存在を否定する思想。

そのほか、仏教のように、そもそも神を持たない宗教もある。ニニアン・スマートが「神」を宗教の要素に含《ふく》めなかったのはそのためだ。

だが啓蒙《けいもう》主義の時代（17世紀後半）以降は、キリスト教以外の世界宗教についても、この言葉が使われるようになった。

世界の六大宗教

宗教の名前	神の数	死んだら どうなるか？	守るべきしきたり	主要な聖典
仏教	神はいない。	輪廻《りんね》（生まれかわり） または悟《さと》りを開く。 	「五戒《ごかい》」と「八正道《はっしょうどう》」にしたがって生きる。瞑想《めいそう》、曼荼羅《まんだら》、マントラは、悟《さと》りを開く助けになる。	三蔵《さんぞう》（経蔵《きょうぞう》、律《り》蔵《ぞう》、論蔵《ろんぞう》）
キリスト教	一神教（父と子と聖《せい》霊《れい》が三位一体となった神）	天国または地獄《じごく》	祈《いの》ること。教会に通うこと。聖体拝領《せいたいはいりょう》（聖餐式《せいさんしき》）。 	旧約聖書と 新約聖書
ヒンドゥー教	多神教（すべての神々は、至高の力であるブラフマンの化身） 	輪廻《りんね》（生まれかわり） または解脱《げだつ》（精神の解放）。	人生の役割（ダルマ）にしたがって生きる。神への礼拝。瞑想《めいそう》とヨーガ。	ベーダ（ウパニシャドを含む） バガバット・ギーター 
イスラム教	一神教（アッラー）	天国（ジャンナ） または 地獄《じごく》（ジャハンナム）。	1日5回の礼拝をおこなうなどの「五行」をつとめる。  禁じられた食べ物を食べない。酒類を飲まない。	コーラン
ユダヤ教	一神教 	魂《たましい》が「来たるべき世界（オラム・ハバ）」に行く。	トーラー（律法）が定める戒《かい》律《りつ》を守ること。たとえば宗教的に適法な食物を食べること、1日3回祈ること、安息日を祝うことなど。 	タナーク（ヘブライ聖書）。トーラー（律法）もその一部
シーク教	一神教 （イク・オンカール）	神とひとつになるまで輪廻転生《りんねてんせい》（生まれかわり）を繰《く》りかえす。 	「5つのK（共同体のメンバーの印）」を身につける。 常に神を心にかけ、善行を積む。	「グル・グラント・サーヒブ」 「ダサム・グラント」

世界には何百という数の宗教があると考えられている。ここでは６つの主要な世界宗教を紹介《しょうかい》しよう。

礼拝の場所	地域の宗教指導者	主な祭り	通過儀礼《ぎれい》（成長の儀式）	現在の信者数
寺院 	僧侶《そうりょ》	新年の祝い、ブッダの誕生祝い、盂蘭盆会《うらんぼんえ》など、地域や宗派によって様々。	 修行僧《しゅぎょうそう》や尼僧《にそう》になるときの儀式《ぎしき》。	 5.4% 3億6千万人
教会や礼拝堂 	司祭や牧師	四旬節《しじゅんせつ》、イースター（復活祭）、クリスマスなど、５つの大きな祭りがある。また、数多くの聖人の日が決まっている。	洗礼式 	 30% 20億人
マンディール（寺院）	バラモン グル	30を超《こ》える祭りがある。代表的なのはクリシュナ神の誕生祭、ダシェラ祭（ラーマ神が悪魔《あくま》を倒《たお》したことを祝う祭り）、ディワーリー祭（灯明の祭り）、ホーリー祭（春の祭り）など。 	様々な生誕式がある。学習を始める年齢《ねんれい》になった子どもは、入門式で聖紐《せいちゅう》を授けられる。	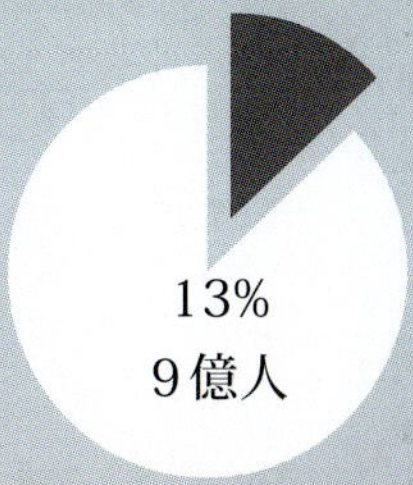 13% 9億人
 モスク	イマーム	イード・アル・フィトル（断食明けの祭り）。イード・アル・アドハー（犠牲祭《ぎせいさい》） 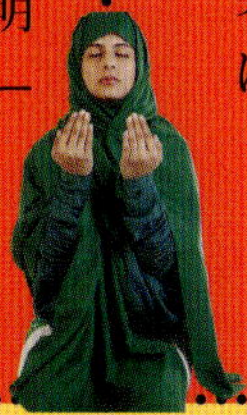	男児は思春期まえに割礼《かつれい》する。	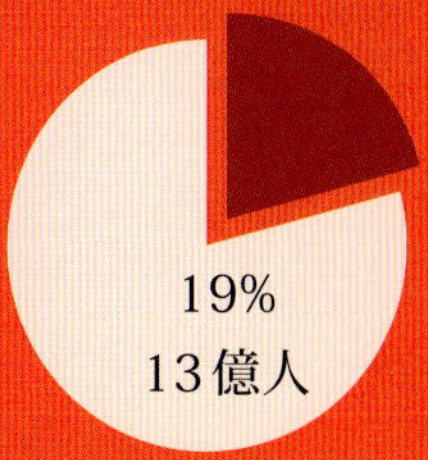 19% 13億人
シナゴーグ	ラビ 	ローシュ・ハシャナ（新年祭）、ヨム・キプール（贖罪日《しょくざいび》）、ペサハ（過越祭《すぎこしのまつり》）など、８つの主な祭りがある。	生後８日目の割礼（男児）。13歳のバル・ミツバ（男児）。12歳のバット・ミツバ（女児）。	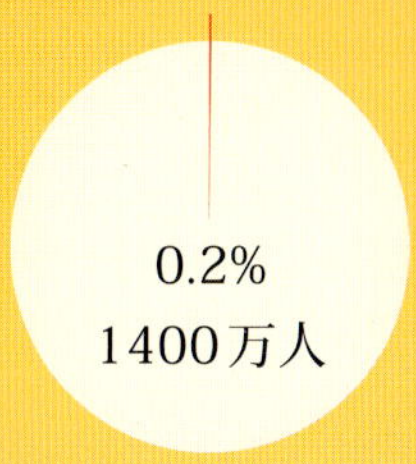 0.2% 1400万人
グルドワーラー（礼拝所） 	聖職者はいない	グルたちの誕生や殉教《じゅんきょう》を記念する日。カールサー（共同体）の創設を記念するバイサーキー祭。ディワーリー祭（灯明の祭り）など。 	カールサー（共同体）に加入する際の入信式	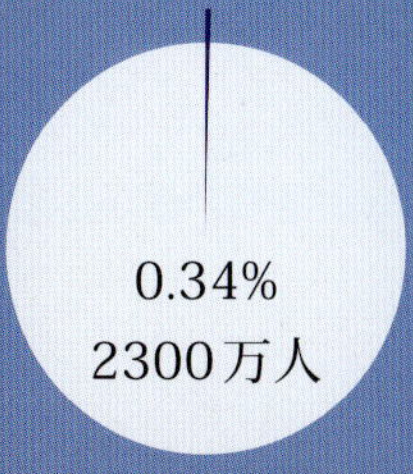 0.34% 2300万人

イスラム教
生まれた時期：622年
生まれた場所：サウジアラビア
創始者：ムハンマド
主な教え：唯一《ゆいいつ》の神（アッラー）が存在する。●神は最後のメッセージ（コーラン）を、預言者ムハンマドに啓示《けいじ》した。●死後、天国に入るためには、神の意志に従わなくてはならない。

ユダヤ教
生まれた時期：紀元前20世紀
生まれた場所：イスラエル
創始者：アブラハム、モーセ
主な教え：唯一《ゆいいつ》の神が存在する。●トーラー（律法）に定められた神の戒律《かいりつ》に従えば、死後、「来たるべき世界」に行ける。●心で信じることよりも、行動で示すことが求められる。

ジャイナ教
生まれた時期：紀元前550年ごろ
生まれた場所：インド東部
創始者：マハービーラ
主な教え：多数の神々が存在する。●魂《たましい》は永遠であり、輪廻《りんね》（生まれかわり）を繰《く》りかえす。●輪廻《りんね》から逃《のが》れるには、悪いおこない（カルマ）を避《さ》けること。特に生き物を傷つけてはならない。

エホバの証人
生まれた時期：1879年
生まれた場所：米国
創始者：チャールズ・ラッセル
主な教え：土台はキリスト教。●イエス・キリストは神の最初の創造物である（神の子ではない）。●時の終わりにハルマゲドン（善と悪との決戦）がある。その後に信者は救済を得る。

いつ、どこで、誰《だれ》が、何を？

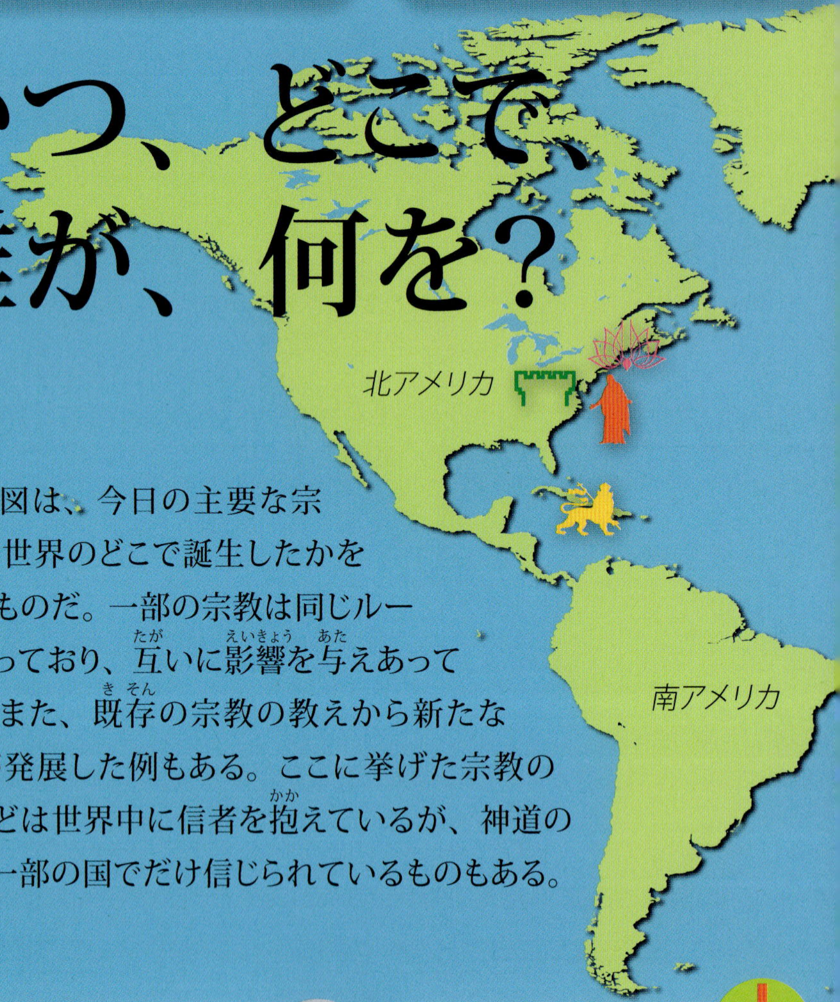

この地図は、今日の主要な宗教が、世界のどこで誕生したかを示したものだ。一部の宗教は同じルーツをもっており、互《たが》いに影響《えいきょう》を与《あた》えあってきた。また、既存《きそん》の宗教の教えから新たな信仰が発展した例もある。ここに挙げた宗教のほとんどは世界中に信者を抱《かか》えているが、神道のように一部の国でだけ信じられているものもある。

モルモン教
生まれた時期：1830年
生まれた場所：ニューヨーク州（米国）
創始者：ジョセフ・スミス・ジュニア
主な教え：土台はキリスト教だが、父と子と聖霊《せいれい》は一体のものではないとする。●新約聖書の福音書の教えにしたがうことで、救済が得られる。（正式な名前は、「末日聖徒イエス・キリスト教会」

ラスタ主義
生まれた時期：1920年代
生まれた場所：ジャマイカ
創始者：マーカス・ガービー
主な教え：神はイエス・キリストとエチオピア皇帝《こうてい》ハイレ・セラシエ（在位1930～1974年）となって地上にあらわれた。●アフリカは地上の楽園。

クリシュナ意識国際協会
生まれた時期：1966年
生まれた場所：ニューヨーク（米国）
創始者：バクティヴェーダンタ・スワミ・プラブパーダ
主な教え：土台はヒンドゥー教だが、クリシュナ神を至高の存在とする。●輪廻《りんね》から逃《のが》れるには純潔でなければならない。詠唱《えいしょう》は純潔の実現に役立つ。

キリスト教
生まれた時期：西暦《せいれき》30年ごろ
生まれた場所：イスラエル
創始者：イエス・キリスト
主な教え：父と子と聖霊《せいれい》が三位一体となった、唯一《ゆいいつ》の神が存在する。●イエス・キリストは地上にあらわれた神の子である。●キリストは人間を罪から救うために十字架《じゅうじか》にかけられ、復活した。

同じような教えをもつ宗教でも、実践《じっせん》すべきしきたりは違《ちが》っている

バハーイ教

生まれた時期：1863年
生まれた場所：テヘラン（イラン）
創始者：バハー・アッラー
主な教え：唯一《ゆいいつ》の神が存在し、様々な預言者や宗教をつうじて、メッセージを啓《けい》示《じ》する。●世界中のすべての人は同じ共同体の一員であり、平等・公正に扱《あつか》われなければならない。

仏教

生まれた時期：紀元前520年
生まれた場所：インド北部
創始者：ゴータマ・シッダールタ（ブッダ）
主な教え：死んだら輪廻《りんね》転生する。●この世のおこない（カルマ）が、来世を決める。●人生の目的は、悟《さと》りを開き、輪廻から逃《のが》れること。

シーク教（シク教）

生まれた時期：1500年ごろ
生まれた場所：インド、パンジャブ地方
創始者：グル・ナーナク
主な教え：人生で大切なのは、誘惑《ゆうわく》に背をむけ、神の意志にしたがって生きること。●人間は神の意志とひとつになるまで生まれかわりを繰《く》りかえす。

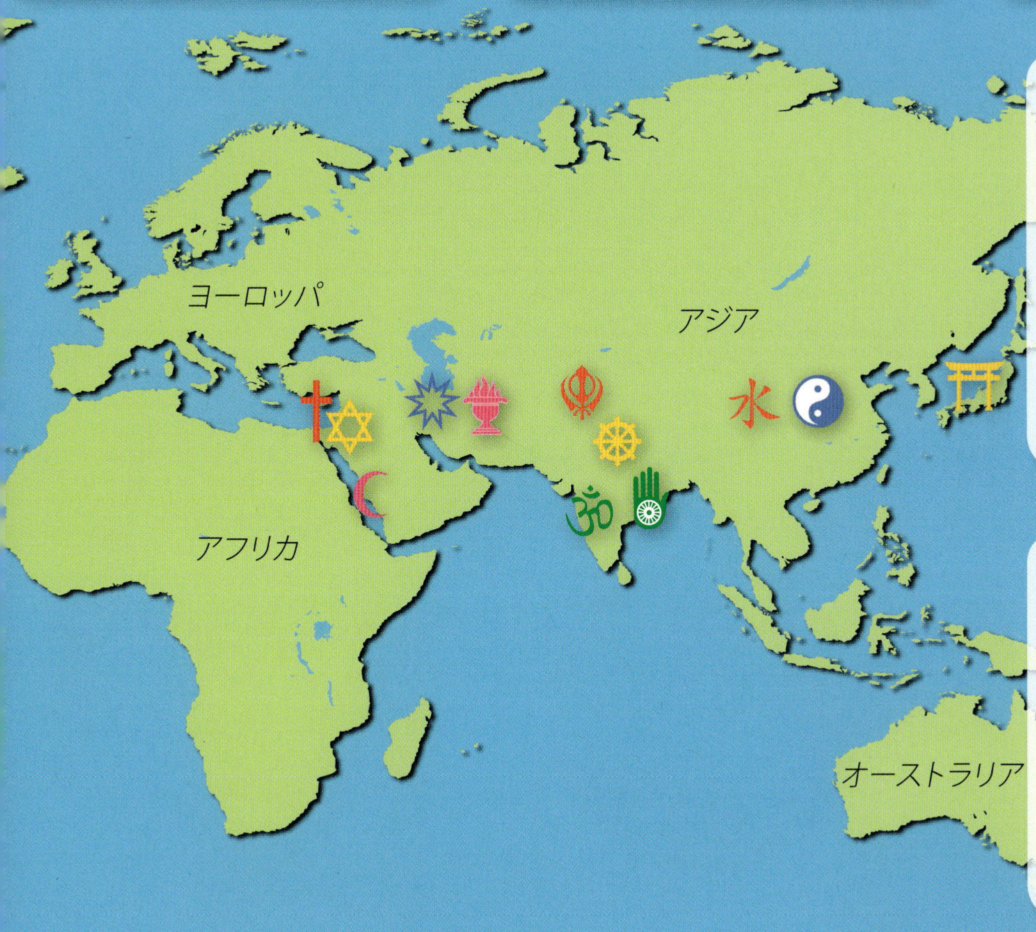

神道

生まれた時期：有史以前
場所と創始者：日本のさまざまな伝統の集成であるため、特定の創始者はいない。
主な教え：人は世の中と調和して暮らさなければならない。●無数の神様（神々や先祖の霊《れい》）が、人びとの調和の実現を助ける。●神社に参拝し、神様の世話をしなければならない。

道教

生まれた時期：紀元前２世紀
生まれた場所：中国
創始者：老子《ろうし》、荘子《そうし》
主な教え：「道」とは宇宙の基本原理で、あらゆるもののなかにある。●人生の目的は、陰《いん》と陽のバランスをたもち、調和を実現すること。

ゾロアスター教

生まれた時期：紀元前1200年ごろ
生まれた場所：ペルシア（現在のイラン）
創始者：ゾロアスター
主な教え：唯一神《ゆいいつしん》のアフラ・マズダと、同等の力をもつ悪霊《あくりょう》のアングラ・マイニュが存在する。●人生は善と悪の選択《せんたく》。天地とひとつになるためには、善を選ばなければならない。

ヒンドゥー教

生まれた時期：有史以前
場所と創始者：インドのさまざまな伝統の集成であるため、特定の創始者はいない。
主な教え：数多くいる神々はすべて、至高の力であるブラフマンの化身。●人びとは現世のおこない（カルマ）にしたがって、次の世に生まれかわる。●輪廻《りんね》の輪から逃《のが》れるとき、人はブラフマンとひとつになる。

儒教《じゅきょう》

生まれた時期：紀元前６～５世紀
生まれた場所：中国
創始者：孔子《こうし》
主な教え：「太極」とは、人智《じんち》の及《およ》ばない、宇宙をつかさどる力のこと。●宇宙は陰《いん》と陽という、２つの根本原理からできている。●陰と陽のバランスが、人生の調和を左右する。

そして多くの宗教で重視されるのは、まさに何を実践《じっせん》するかなのだ。

ユダヤ教

信仰《しんこう》の基本

キリスト教と違《ちが》って、ユダヤ教には公的に採択《さいたく》された信条（信仰箇条《しんこうかじょう》）はない。だが、次に挙げる「信仰13箇条」は広く用いられている。いずれも「私は〜〜を心から信じる」という形で唱えられる。

1. 神は創造者であり、すべてのものの支配者であること。
2. 神は唯一《ゆいいつ》であること。いかなる意味においても、神に似たものは存在しないこと。
3. 神は体を持たないこと。物質的な概《がい》念《ねん》を神に当てはめることはできないこと。
4. 神のまえに神はなく、神のあとに神はないこと。
5. 神のみが礼拝の対象であること。ほかの誰《だれ》か、または何かに祈《いの》ってはならないこと。
6. 預言者たちの言葉はすべて正しいこと。
7. モーセの預言は絶対的に正しいこと。
8. トーラーはすべて、神からモーセに与えられたものであること。
9. トーラーは不変であること。別のトーラーが神から与えられることはないこと。
10. 神は人間のおこないや考えを知りたもうこと。
11. 神は戒《いまし》めを守るものに報い、破るものを罰《ばっ》すること。
12. 救い主が来られること。
13. 神が望むとき、死者がよみがえること。

神に仕えることこそが、ユダヤ教徒の生きる道だ。

義人シモンと呼ばれた紀元前300年ごろのラビ（ユダヤ教の宗教指導者）は、「世界は３つのものに立脚《りっきゃく》している。トーラー、神への礼拝、善行だ」と述べた。この３つは、ユダヤ教の基礎《きそ》をなすものだ。

最初のユダヤ人

ユダヤ教は今からおよそ4000年前に誕生した、世界でも屈指《くっし》の古い宗教だ。アブラハムという預言者が、神に命じられて偉大《いだい》な国民の父祖となったことから始まったとされている。アブラハムが生まれた当時の人々は、今では禁じられた偶像《ぐうぞう》（石や木で作った神の像）の崇拝《すうはい》をおこなっていた。

アブラハムは70歳《さい》のときに神と契約《けいやく》をかわし、最初のユダヤ人となった。その７世代後、神は預言者モーセを通じて、ユダヤ人にトーラーを与《あた》えた。

「あなたがいやだと思うことを隣人《りんじん》にしてはならない。これがトーラーのすべてだ。あとはそのことの

ユダヤ教のシンボル、ダビデの星。聖書に登場するダビデ王の盾《たて》をあらわしたものだとされている。

トーラー（律法）

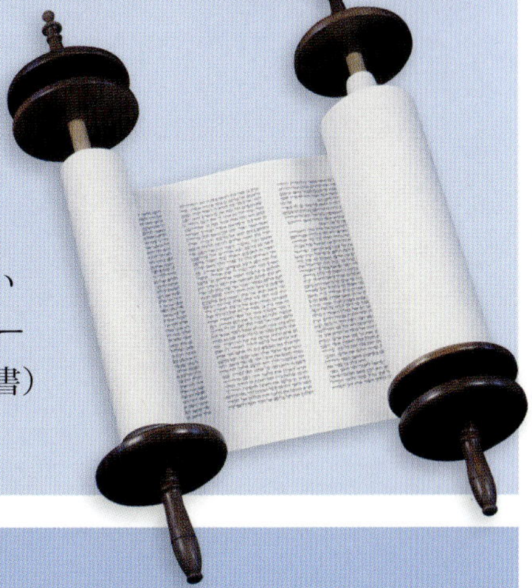

トーラー、すなわち旧約聖書の最初の五書は、ユダヤ教の主要な聖典となっている。そこには天地創造からモーセの死にいたる歴史や、神がユダヤ人にのぞむ生き方などが記されている。トーラーとネイビーム（預言書）、ケトゥビーム（諸書）を合わせて、タナーク（ヘブライ聖書）と呼ぶ。

たくさんの戒律《かいりつ》

3000年ほど前にトーラーを与えられたとき、ユダヤ人は神の戒律にしたがうことを承諾《しょうだく》した。戒律は全部で613あり、そのうち248はするべきことを示したもの、365はしてはならないことを示したものとなっている。よく知られた「十戒《じっかい》」も戒律の一部だ。安息日の過ごし方から何を食べるかにいたるまで、戒律にはあらゆることが決められている。この戒律を守ることで、ユダヤ人は神の意志に近づく。

来たるべき世界

人間は神から与《あた》えられた魂《たましい》をひとつずつ持っていると、ユダヤ人は信じている。人が死ぬと、魂はオラム・ハバ（来たるべき世界）で生きつづける。そこがどんな場所なのかは誰《だれ》にもわからない。しかしそこは、正しい者が報われ、罪人が罰《ばっ》せられる世界だ。

救世主

ユダヤ人は、ダビデ王の血をひく指導者が、メシア（救世主）となって到来《とうらい》することも信じている。訪れるのは特定の人物ではなく、理想の時代だと解釈《かいしゃく》する人びともいる。どちらにしても、そのとき死者はよみがえり、誰《だれ》もが幸福に暮らすのだという。

説明にすぎない。さあ、行って学びなさい」

――ラビ・ヒレル（紀元前1世紀）の言葉

宗派の分裂《ぶんれつ》

異なる文化

聖書に記されたユダヤ人の故郷はイスラエルだが、今ではほかの地域に住む信者の方が多い。紀元前8世紀から、たびたび故郷を追われる歴史が繰《く》りかえされたためだ。ヨーロッパに渡《わた》ったユダヤ人たちは、文化の異なる2つのグループに分かれた。ひとつはスペインや北アフリカ系の「セファルディ」、もうひとつは東ヨーロッパ系の「アシュケナジ」だ。両者は主として、食べ物や服装などの習慣が違《ちが》っている。

正統派と改革派

アシュケナジは守るべき戒律《かいりつ》を減らそうとするグループと、維持《いじ》しようとするグループに分裂《ぶんれつ》した。そのきっかけとなったのは、18世紀後半にドイツで起こった改革運動だ。戒律を嫌《きら》う信者が完全にユダヤ教から離《はな》れてしまうのを防ごうと、改革派は戒律の多くを省いたり、改変したりした。

正統派（ハシディズムを含む）	*厳格・伝統的*
保守派	↑
改革派	
自由主義／進歩主義	
再建派	↓
人間主義	*厳格・伝統的でない*

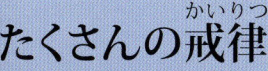

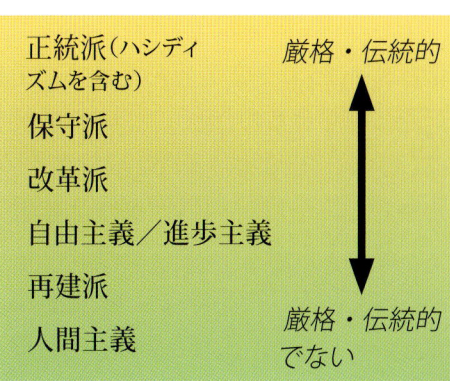

キリスト教

キリスト教の始まり

キリスト教はユダヤ教から徐々《じょじょ》に発展していった。今から2000年ほどまえに、イエス・キリストの教えにしたがう12人の弟子たちが始めたのだ。ただ、彼らはユダヤ教のしきたりや聖典にもしたがっていた。キリスト教が独立した宗教となったのは、ユダヤ教の指導者に拒絶《きょぜつ》されてからだ。

ニカイア信条（信経）

325年にひらかれた第1回の公会議で、キリスト教信仰《しんこう》の教義を定めたニカイア信条（信経）が採択《さいたく》された。そこには父と子と聖霊《せいれい》に対する信仰が、順をおって明言されている。出だしは次のとおりだ：

我々は唯一《ゆいいつ》の神、全能の父、天地とすべての見えるものと見えないものとの創造者を信じる。

我々は唯一の主、父から生まれた神のひとり子、イエス・キリストを信じる。

天国：神との永遠の生

罪をおかさず、イエス・キリストの意志を受けいれた人々は、死んだあと、天国で永遠に暮らせるのだと、キリスト教徒は信じている。天国というのは、神が存在し、罪や苦しみのない場所（または状態）のことだ。人間は皆《みな》、生まれながらに罪を背負っている。だが神は、愛と慈悲《じひ》によって許しをあたえ、人びとを罪から解放するのだ。

キリスト教徒は、イエス・キリストを救世主と認めることで、救済が訪れると信じている。

イエス・キリストは、神を信じ、その教えにしたがうことが、神に近づく道だと説いた。とりわけ、心から神を愛することと、自分を愛するように隣人《りんじん》を愛することを勧《すす》めた。
（教えはそれだけではない。たとえばキリスト教徒は、旧約聖書に記された「十戒《じっかい》」を守っている）

聖なる三位一体

キリスト教は、「唯一《ゆいいつ》の神が存在する」という信《しん》仰《こう》の核心《かくしん》を、ユダヤ教と分かちあっている。ただしキリスト教では、「神は３つの位格からなる」という独特の見方をする。
３つの位格とは、父（創造主）と、子（あがない主）と、聖霊《せいれい》（助け主）だ。
それらは３つの別々の神ではなく、一体となってひとつの神を形づくる。

聖パトリック（373 ～ 465年）は、シャムロックの葉を、三位一体の説明に利用したと言われている。

「イエスは言った。『わたしは道であり、真理であり、命である。誰《だれ》もわたしによらないでは、父のみもと

十字架《じゅうじか》はイエス・キリストの犠牲《ぎせい》を象徴《しょうちょう》する、キリスト教のシンボルだ。人は罪を克服《こくふく》できるということを示すために、キリストは十字架にはりつけにされて死んだ。

救済とは何か？

キリスト教徒にとって、救済とは神のもとにかえることだ。神はすべてを完璧《かんぺき》に創造したが、人間は罪をおかしたために神から切りはなされたというのが、キリスト教徒の考え方。しかし聖書では、人間を罪から救い、再び神の近くに迎《むか》えるために、神が救世主をつかわすとされている。

人間の堕落《だらく》

聖書の教えによれば、この世で最初の人間のアダムとイブが、最初の罪をおかした。神にそむき、エデンの園で禁断の果実を食べたのだ。そのために完全性がそこなわれ、人間は堕落したのだという。

そして救世主とは？

キリスト教徒が考える救世主とはイエス・キリストのことだ。彼は聖母マリアがこの世に生みおとした神の子とされている。キリストは人びとに、いかに生きるべきかを説いた。「神と隣人《りんじん》を愛しなさい、神の意志を探りなさい、罪の許しを求めなさい」と。

人間のために死んだキリスト

神は人間を救うためにわが子を犠牲《ぎせい》にした。キリストの死をめぐっては、３つの重要なできごとがあった。

1.はりつけ

何の罪もないイエス・キリストが、死罪を宣告されて、十字架《じゅうじか》にかけられた。

2.復活

３日後、キリストは弟子たちのまえに姿をあらわす。そして、これまでにあったできごとや、自らの教えを、人々に伝えるよう命じた。キリストの復活は、死や罪が克服《こくふく》可能なものであることを示している。

3.昇天《しょうてん》

40日後、キリストは父なる神のいる天に昇《のぼ》った。キリスト教徒は、最後の審判《しんぱん》の日にキリストが再びあらわれ、神のプランを完成させると信じている。

に行くことはできない』」

―― 新約聖書、ヨハネによる福音書第14章第６節

キリスト教の現状

20億人を超《こ》えるキリスト教徒が、それぞれ礼拝のやり方が違《ちが》う何千もの教派に属している。それらの教派は、何に権威《けんい》を求めるかによって、大きく３つのグループに分けられる。ただ、プロテスタント教会の多くは、実際には独立派だ。

ローマ・カトリック教会

公式には1054年にローマで創設。ローマ教皇を頂点とする教会。教皇と司教がルールを定める権限を持つ。カトリックの人びとは、聖職者を人間と神の仲介者《ちゅうかいしゃ》とみなす。

東方正教会

公式には1054年にコンスタンティノープルで創設。厳格な教えや人間の罪深さより、礼拝や人間の善良さに重きをおく。聖霊《せいれい》は父からのみ発するもので、子からは発しないと考える。

プロテスタント

16世紀にヨーロッパで生まれる。プロテスタントは教皇の権威《けんい》を否定し、聖書のみを権威とする。真っ先に創設されたのはルター派、改革派、長老派、聖公会などだった。ほかにもバプテスト、メソジスト、ペンテコステ派、ブレザレン、アフリカのキリスト教などがある。

マルティン・ルター

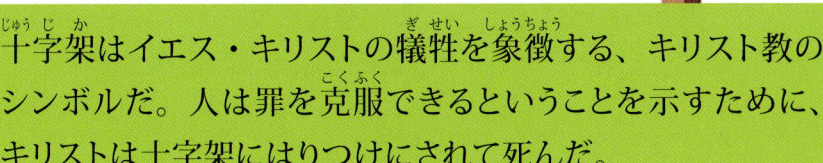

イスラム教

イスラム教の「五行」

イスラム教徒には、ひとつの決まった生き方がある。彼らは日々の生活のなかで、次の「五行」を果たさなければならない。

1 信仰告白《しんこう》（シャハーダ）

「アッラーのほかに神はない。ムハンマドは神の使徒なり」と、礼拝のたびに誠心誠意、唱える。

2 礼拝（サラート）

成人のイスラム教徒は１日に５回（夜明け前、正午、午後、日没《にちぼつ》後、就寝《しゅうしん》前）、礼拝をおこなう。アラビア語の祈《いの》りの文句には、コーランの一節もふくまれる。

3 喜捨（ザカート）

共同体を維持《いじ》するために、収入の何パーセントかを出しあう。決められた額以上の寄付をおこなうこともある。

4 断食（サウム）

イスラム暦《れき》第９月（ラマダーン）の日の出から日没《にちぼつ》までのあいだ、健康なイスラム教徒は飲食をしない。

5 巡礼《じゅんれい》（ハッジ）

身体的、金銭的に可能であるなら、イスラム教徒は少なくとも一生に１度、サウジアラビアのメッカに巡礼しなければならない。

イスラム教徒になるということは、神の意志に従うということだ。神の意志は、コーランのなかでムハンマドに示された。

イスラム教の聖典コーランは、信者に次のことを信じるよう指示している。

- 唯一《ゆいいつ》の神が存在する。
- 神は、神の書物（コーラン）を預言者ムハンマドに啓示《けいじ》した。
- 最後の審判《しんぱん》の日が来る。

ムハンマドと神の啓示《けいじ》

ムハンマドは570年ごろ、サウジアラビアのメッカで生まれた。610年に初めて天使ガブリエルがムハンマドのもとにあらわれ、コーラン（神の言葉）を聞かせはじめる。
当時は大半の人びとが複数の神々を信じ、偶像《ぐうぞう》を崇拝《すうはい》していたため、神は唯一《ゆいいつ》であると唱えるムハンマドは怒《いか》りを買った。身の危険を感じたムハンマドは、622年にメディナに逃《のが》れた。このできごとはヒジュラ（聖遷《せいせん》）と呼ばれ、イスラム歴の始まりを示すものとなっている。ムハンマドにコーランのすべてが伝えられるまでに、23年かかった。

この16世紀の絵には、カーバ神殿《しんでん》で祈《いの》りをささげるムハンマドが描《えが》かれている。メッカに建つカーバ神殿は、イスラム教最高の聖地だ。

「イスラム」という言葉に

伝説によれば、オスマン帝国《ていこく》の始祖オスマン1世（1258～1326年）が、大地をおおう三日月の夢をみた。それをよい兆《きざ》しと考えた彼は、三日月を、自分が打ちたてたイスラム帝国のシンボルにした。

唯一《ゆいいつ》の神

イスラム教には、「唯一の神が存在する」というユダヤ教、キリスト教の教えが、そのまま引きつがれている（ただし28ページで説明したような「三位一体」の発想はない）。コーランは「アッラーのほかに神はない」と強調する。神に似たものなど存在しない、神は常に存在したし、これからも常に存在するだろうという意味だ。

神をあらわすアラビア語「アッラー」。

神の預言者

イスラム教徒にとって、ムハンマドは次のような人びとにつづく、最後の偉大《いだい》な預言者だ。

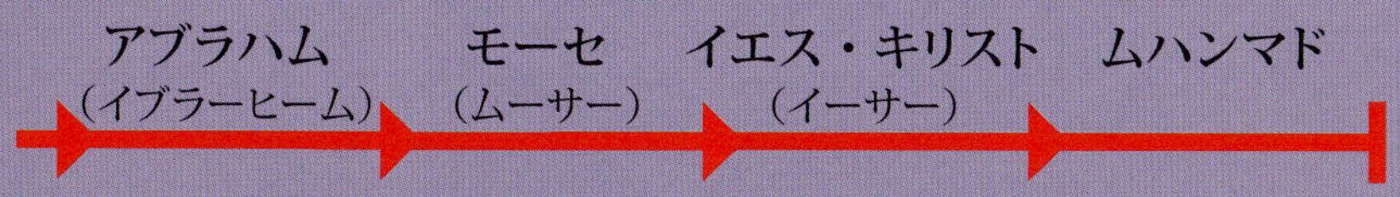

アブラハム
（イブラーヒーム）
モーセ
（ムーサー）
イエス・キリスト
（イーサー）
ムハンマド

イスラム教徒は、ここに挙げた預言者全員の教えを受けいれる。しかしコーランを、神の最終的な真理と見なしている。

神の審判《しんぱん》

イスラム教徒は、神が人の誕生や死期、人生を決めるのだと信じている。しかし人間も、いいおこないをするか、悪いおこないをするかを選ぶことができる。人が死ぬと、その魂《たましい》は神のもとにかえる。終末の日に、神はすべての魂をよみがえらせ、最後の審判をくだす。立派な人生をおくった人間はジャンナ（天国）に行き、そうでない人間はジャハンナム（地獄《じごく》）に落とされる。

地上の人間は、死後の世界がどのようなものかを知ることはできない。

「服従」を意味している。

宗派の分裂《ぶんれつ》

661年に第4代カリフ（イスラム共同体の精神的・政治的指導者）のアリーが死んだあと、イスラム教は2つの宗派に分かれた。

スンニー派

イスラム教徒の85％前後を占《し》める。アリーをはじめ、イスラム共同体が選んだカリフ全員の権威《けんい》を認める。スンニー派には4つの異なる学派があり、教義の根本のところでは合意しつつも、細かい点で解釈《かいしゃく》が違《ちが》う。しかし、それぞれの学派は互いを正統なものと認めているので、信者は自分の考えにあった学派を選ぶことができる。

シーア派

イスラム教徒の15％前後を占める。神がムハンマドを使徒として選んだように、イスラム共同体の指導者を選べるのも神だけだと考える。シーア派はアリーのみを神に選ばれたカリフと認め、彼のことをイマーム（指導者）と呼ぶ。その一方、アリー以前に選ばれた第3代までのカリフの権威《けんい》は否定する。シーア派は現在も、アリーの血をひく者でなければ、真のイマームとは認めない。

スーフィズム（イスラム神秘主義）

スーフィズムの信奉者《しんぽうしゃ》は、天国ではなく、この世で神とのつながりを持つことをめざす。彼らの人生の目標は、神に近づく旅をし、純潔を守って神と親密になることだ。スーフィズムは独立した宗派ではなく、イスラム教徒なら誰《だれ》もが自分の信仰《しんこう》に取りいれることができる。

ヒンドゥー教

ヨーガによる解放

「ヨーガ」という言葉は、「結合」を意味するサンスクリット語から来ている。究極の結合（ブラフマンとひとつになること）を実現するには、主として４つの方法がある。信者は一生のあいだにそのいずれか（またはいくつか）をおこなう。

ジュニャーナ・ヨーガ

宗教的知識を会得する。アートマン（個人の魂《たましい》）とブラフマンとの関係を学ぶ。

ラージャ・ヨーガ

瞑想《めいそう》する。ブラフマンとひとつになることを目指して、真の自分に集中する。

バクティ・ヨーガ

ヒンドゥー教の神々を礼拝する。神々は皆《みな》、何らかの点でブラフマンの一部だ。

カルマ・ヨーガ

人生における自分の務めを知り、それを正しくおこなう。

ヒンドゥー教徒は輪廻《りんね》の輪から抜《ぬ》けだし、解脱《げだつ》することを目的に生きている。

ヒンドゥー教はインド亜《あ》大陸《たいりく》に伝わるさまざまな伝統の集成だ。中核《ちゅうかく》となる教義や実践《じっせん》すべきしきたりは特にないが、大多数の信者は至高の力「ブラフマン」の存在や、聖典の「ベーダ」を信じ、「ダルマ（法）」にもとづく生活をしている。

ブラフマンと神々

ヒンドゥー教徒の多くは「ブラフマン」を信じている。ブラフマンとは、時の外側に存在する、万物を支える力またはエネルギーのこと。ヒンドゥー教の多くの神々は、ブラフマンのもつ神性の一部をなすと考えられている。神々は宇宙の各部をつかさどり、人びとに生き方を指ししめす。

三神一体

ヒンドゥー教徒は、ブラフマー（創造神）、ビシュヌ（維持神《いじしん》）、シバ（破壊《はかい》神《しん》）の三神が、全体としてブラフマンや輪廻《りんね》の本質をあらわすと考えている。その三神の妻や子をふくめ、ヒンドゥー教にはほかにもたくさんの神々がいる。信者は自分が信じる神や女神に、日常的に祈《いの》っている。

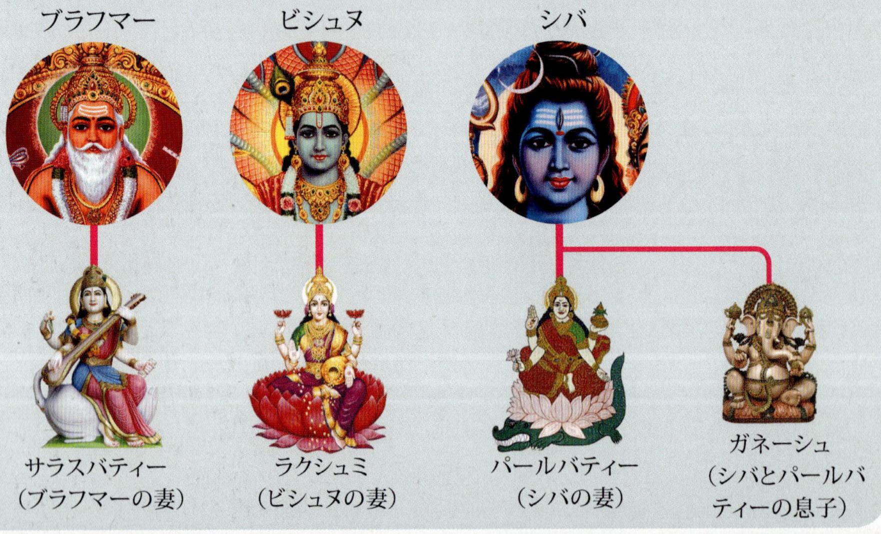
ブラフマー
ビシュヌ
シバ
サラスバティー
（ブラフマーの妻）
ラクシュミ
（ビシュヌの妻）
パールバティー
（シバの妻）
ガネーシュ
（シバとパールバティーの息子）

多くのヒンドゥー教徒は、自分たちの信仰《しんこう》を

「オーム」は謎《なぞ》めいた響《ひび》きをもつ聖音だ。そこには始まりも終わりもない。オームは至高の力の存在や、宇宙の創造をあらわしている。

人生のサイクル

誰《だれ》もがもつ「アートマン」

ヒンドゥー教徒は、どんな人間のなかにもブラフマンの少なくとも一部が存在すると考える。それが「アートマン」と呼ばれるものだ。アートマンは肉体とは別個のものであり、動植物を含《ふく》めたあらゆる生き物のなかにある（ヒンドゥー教徒がすべての生き物に敬意をはらい、また非暴力の伝統をはぐくんできたのは、そのためだ）。アートマンは誕生、死、転生のサイクル（輪廻《りんね》）のなかで、永遠に生きつづける。

来世を決める「カルマ」

生まれかわるたびに、人生は違《ちが》うものになる。その良し悪しは、前世の「カルマ」によって決まる。カルマとは、その人がどれだけ善行を積んだり、宗教的知識を高めたり、献身《けんしん》をおこなったりしたかを示すもの。つまり、ある人生でどのようなおこないをしたかが、来世の良し悪しを決めるということだ。ヒンドゥー教徒はよいおこないをして、よりよい来世をつかもうとする。よからぬ生き方を選ぶなら、その報いを覚悟《かくご》しなければならない。

輪廻《りんね》からの解放

ヒンドゥー教徒は死と転生のサイクルから解き放たれること、すなわち「解脱《げだつ》」を究極の目標にしている。人は永遠の真理を悟《さと》ると、ブラフマン以外には何も存在しない地点に到達《とうたつ》する。そのとき魂《たましい》はブラフマンとひとつになり、終わりなき平和と幸福のなかで生きつづける。

「サナタナ・ダルマ（永遠の法）」と呼ぶ。

精神の旅

ヒンドゥー教徒は人生を４つの段階に分け、それぞれの段階で達成すべき目標を定めている。ただし今日では、それらにあまりこだわることはせず、ある種の理想と見なしている。

1 学生期《がくしょうき》

５歳《さい》になった子どもはグル（導師）の家に住みこみ、聖典、瞑想《めいそう》、自制を学ぶ。この期の目標は、ダルマ（法）と呼ばれる規範《きはん》に従うことで、それは一生のあいだ続く。

2 家住期《かじゅうき》

結婚《けっこん》して、家族を作るべきだとされる時期。この家住期と次の林住期には、２つの目標がある。成功と実利を追求することと、愛と喜びを追求することだ。

3 林住期《りんじゅうき》

父親は息子に家を継《つ》がせ、自分の死と転生に目をむける。神々への礼拝をより積極的におこなったり、世間から隠遁《いんとん》したりする場合もある。

4 遊行期《ゆぎょうき》

人生や、それにともなうすべてのものを放棄《ほうき》し、４つめの目標である解脱《げだつ》（輪廻《りんね》から抜《ぬ》けだし、ブラフマンとひとつになること）を目指す。

仏教

仏教徒の生き方

「五戒《ごかい》」

「三宝」に帰依《きえ》した仏教徒は、ブッダの教えにしたがって「五戒」を守る義務を負う。

1．殺してはならない。
2．盗《ぬす》んではならない。
3．みだらなことをしてはならない。
4．ウソをついてはならない。
5．酒を飲んではならない。

「八正道《はっしょうどう》」

次のようなおこないをすることで、仏教徒は知恵《ちえ》をはぐくみ、涅槃《ねはん》に近づくことができる。

正見：「四諦《したい》」を理解することによって、世の中をはっきりと見ること。

正思：他人の身になること。傷つけたり、怒《おこ》らせたりしないこと。

正語：真実を語り、陰口《かげぐち》や悪口を言わないこと。自慢話《じまんばなし》をしないこと。

正業：道徳的な生活をおくり、生きとし生けるものに敬意をもつこと。

正命：倫理的《りんりてき》な職業を選ぶこと。

正精進：よからぬ感情や行動を断つよう、意識して努力すること。

正念：瞑想《めいそう》を通じて、はっきりと物を考えること。考えたものに100％、意識を向けること。

正定：物質世界へのこだわりを捨て、心のなかの悟《さと》りへの道に集中すること。

仏教徒の生活の基本は、ブッダ（仏）、ダルマ（法）、サンガ（僧《そう》）の「三宝」を受けいれることだ。

ブッダ

お釈迦《しゃか》様とよばれてる

仏教の基礎《きそ》となっているのは、ゴータマ・シッダールタの教えだ。人びとの貧しさや苦しみを知って心を痛めたシッダールタは、すべての財産を捨て、食事もとらずに瞑想《めいそう》にはげんだ。すると心が宇宙の真理に目ざめ、彼はブッダ（悟《さと》りを開いた人）となった。

シッダールタは、紀元前5世紀頃、インドの北部に生まれたといわれている。

四聖諦《ししょうたい》（四諦《したい》）

悟《さと》りを開いたブッダは、見いだした真理を人びとに説いた。その教えは「四《し》聖諦《しょうたい》」と呼ばれるようになった。

1 **苦諦《くたい》**：誰《だれ》もが生・老・病・死の苦しみから逃《のが》れられないということ。

2 **集諦《じったい》**：よからぬ考えや、物への執着《しゅうちゃく》、周囲を思いどおりに動かそうとする人びとなどが、苦しみをもたらす原因だということ。

3 **滅諦《めったい》**：苦しみが終われば、「涅槃《ねはん》」に至れるということ。

4 **道諦《どうたい》**：涅槃《ねはん》に至るには、「八正道《はっしょうどう》」に従わなければならないこと。

仏教とほかの宗教との違《ちが》いは、神の

ダルマチャクラ（法輪）は、繰《く》りかえされる生、死、転生のシンボルだ。８本のスポークは八正道《はっしょうどう》をあらわしている。

生命の輪

輪廻《りんね》とカルマ

仏教徒は、何度死んでも、別の世に生まれかわると信じている。どのように生まれかわるかは、前世のおこない（カルマ）によって決まる。正しい人生を送れば、次の世の人生はより安楽で、苦しみの少ないものとなる。よからぬ考え方やおこないをしていれば、次の人生はより苦しいものとなる。

仏教徒は悟《さと》りを開くことによって、生命の輪から解放される。

涅槃《ねはん》

仏教徒の最終目標は、輪廻《りんね》のサイクルから解放されることだ。人間を含め、すべてははかない。それを受けいれないから苦しみが起こる。涅《ね》槃《はん》とは、すべてがはかないということを真に理解し、経験した状態。こうした至福の悟《さと》りに至れば、苦しみや争い、物質的な欲望はなくなり、生・死・転生の輪から自由になれる。

サンガ

ブッダは「サンガ」と呼ばれる弟子たちの共同体を作り、一《いっ》般《ぱん》の人びとからの布施《ふせ》に頼《たよ》って生活した。悟《さと》りを開くには自分を変革することが不可欠。財産を手放した彼らの生き方は、その実例を示している。

ような超越《ちょうえつ》した存在を信じない点だ。

宗派の分裂《ぶんれつ》

仏教には主として２つの流れがある。修行の伝統を残した「上座部仏教《じょうざぶぶっきょう》」と、信仰《しんこう》の本質に目をむける「大乗仏教《だいじょうぶっきょう》」だ。どちらも多くの国々に伝わり、さまざまな宗派や伝統を生みだした。

上座部仏教《じょうざぶぶっきょう》

上座とは、教団内の長老のこと。上座部仏教は、仏教の最も古い宗派だと考えられている。ゴータマ・シッダールタ以外のブッダ（悟《さと》りを開いた人）も認めるが、シッダールタのことは至高のブッダとしてあがめる。なぜならシッダールタは、ほかの誰《だれ》かの導きを受けることなく、涅槃《ねはん》に到達《とうたつ》したからだ。上座部仏教の信者は、厳しい修行を積まなければ、悟りは開けないと信じている。ブッダを信仰するだけでは足りないのだ。上座部仏教は、おもに東南アジア方面に伝わる。

大乗仏教《だいじょうぶっきょう》

大乗仏教の信者にとっては、単に自分が涅槃《ねはん》に到達《とうたつ》するだけではなく、ほかの人がそうなることを手助けするのが究極の目標だ。大乗仏教はおもに、チベット、中国、朝鮮《ちょうせん》、日本へと伝わる。禅宗《ぜんしゅう》の曹《そう》洞宗《どうしゅう》や臨済宗《りんざいしゅう》、浄土教《じょうどきょう》の浄土宗《じょうどしゅう》や浄土《じょうど》真宗《しんしゅう》など日本の仏教はすべて、大乗仏教の流れをくむ。

世界の仏教

仏教は、今では西洋化されたかたちで、世界中に広まっている。アジアでは、仏教は個人のものというより、むしろ共同体のものとなっている。

シーク教（シク教）

シーク教徒の信仰《しんこう》

ムール・マントラ

「ムール・マントラ」は神の性質をあらわした祈《いの》りの言葉で、シーク教徒の信仰の基礎《きそ》になっている。信者は毎朝、目ざめたときにこれを唱え、神を心にかけて１日を始める。

神はひとつ　その名は真理
彼は創造主
恐《おそ》れを知らず　憎《にく》しみも知らない
彼には時もなく、形もない
生死を超越《ちょうえつ》し　すべてを知る者
グルの恵《めぐ》みによって、人は彼を知る

美徳と悪徳

解脱《げだつ》し、神とひとつになるためには、５つの美徳をおこない、５つの悪徳を避《さ》けなければならない。悪徳は人を利己的にし、神とのあいだに壁《かべ》を作ってしまう。

美徳をおこなう:	悪徳を避《さ》ける:
誠実	肉欲
同情心	怒《いか》り
満足	強欲
謙虚《けんきょ》	物質的なものへのこだわり
神の愛	高慢《こうまん》

現世での解脱《げだつ》

この世で神とひとつになることも可能だが、それができる人はほとんどいない。

シーク教徒は３つの義務を負っている。常に神を心にかけること、正直に暮らしを立てること、喜捨をおこなうことだ。

シーク教の起こり

1469年生まれのグル・ナーナクは、もともとヒンドゥー教徒の詩人・哲学者《てつがくしゃ》だった。ナーナクは何年もかけてヒンドゥー教とイスラム教を学び、また聖職者たちと議論を重ねたすえに、シーク教の開祖となった。シーク教では、神を中心とする生活を送ることや、個人の内面の信仰《しんこう》を重視する。儀式《ぎしき》をおこなうことや、ざんげなどの目に見えるかたちで信仰心をあらわすことは、それほど重視されない。

グル・ナーナク
（1469–1539）

第10代のグル

シーク教は、グル（導師）の教えによって正しい生き方をしめす宗教だ。神は最初のグルであり、その神が初代グルのナーナクを選んだとされる。その後の９代のグルは、宗教的な洞察力《どうさつりょく》と徳の高さを基準に、それぞれ先代のグルが選んだ。ところが第10代のグル・ゴービンド・シングは、自分が最後の人間のグルだと宣言する。1708年に彼が死ぬと、その後は聖典の「グル・グラント・サーヒブ」が第11代のグルとされた。この聖典は、今でもシーク教の最高権威《けんい》となっている。

グル・アンガド
グル・アマル・ダース
グル・ラーム・ダース
グル・アルジャン
グル・ハルゴービン

「シーク」という言葉は、「弟子、学ぶ者

「カンダ」には３つのシンボルが含まれている。中央の両刃《りょうば》の剣《けん》は、道徳と正義、そして至高の神の力の象徴《しょうちょう》。輪は神の永遠性の象徴。外側の２本の剣は、宗教と政治のバランスの象徴だ。

唯一《ゆいいつ》の神

シーク教徒は形も性別もない唯一の神を信じている。神はあらゆる場所にいて、あらゆる物のなかにいる。そして天地の創造を超越《ちょうえつ》している。神は世界と人間をつくり、万人の魂《たましい》のなかにいる。したがって誰《だれ》もが直接、神と接することができるし、神のまえでは誰もが平等だ。

「唯一の神」を意味する
記号イク・オンカール

内なる信仰《しんこう》

シーク教徒は儀式《ぎしき》よりも内面の信仰や善行をおもんじる。よい人生を送るには、常に神のことを心にかけていなければならない。さらには共同体の一員として暮らすこと、正直かつ勤勉にはたらくこと、すべての人を平等にあつかうこと、自分より恵《めぐ》まれない人びとを助けること、他者に尽《つ》くすことが求められる。

解放か…

シーク教徒の究極の目標は、魂《たましい》を神とひとつにすることだ。そのためには利己心を捨て、神や、神を中心とする生活を第一にしなければならない。死ぬときに魂が肉体から解放されることを、ムクティ（解脱《げだつ》）と呼ぶ。

…生まれかわりか

生前、利己的だった人間は、天国と地獄《じごく》で苦しみ、その後に別の動物に生まれかわる。彼らの魂《たましい》は何度も何度も転生し、次に人間となったとき、再び「ムクティ」を実現するチャンスをつかむ。

グル・ハル・ラーイ　グル・ハル・クリシャン　グル・テーグ・バハードゥル　グル・ゴービンド・シング　グル・グラント・サーヒブ（永世グル）

を意味するサンスクリット語から来ている。

シーク教徒の生活

共同体での暮らし

シーク教徒が神に近づくには、日常の行動が肝心《かんじん》だ。日頃《ひごろ》から正しい生活をしたり、他人に親切にしたりしていないなら、いくら宗教的な儀式《ぎしき》をおこなっても意味がない。信者の生活の中心となるのは、「カールサー」と呼ばれる共同体だ。彼らはそこに所属し、貧しい人や病気の人の面倒《めんどう》を見る。そして仲間の食事（ランガル）を用意し、寺院での雑用をこなす。そうして他人に尽《つ》くしていれば、神に近づく障害となるエゴを捨てられる。そして誰《だれ》もが平等であること、誰の心にも神がいることを忘れずにいられるのだ。

カールサー

1699年、グル・ゴービンド・シングは「カールサー」と呼ばれるシーク教徒の共同体を組織した。そして加入する者には、メンバーであることをしるす「５つのK」を身につけるよう求めた（詳《くわ》しくは62ページ参照）。

現在では、必ずしもすべてのシーク教徒がカールサーに入る必要はなくなった。所属しているのは洗礼を受けた信者のみだ。だが、カールサーに入っていなくても、シーク教徒であることを示すために、「５つのK」のいくつかを身につけることはある。

部族宗教

アフリカの部族、アボリジニー、南米の部族、イヌイット、アメリカ先住民、北極圏《ほっきょくけん》のシャーマン、パプアニューギニアのフォイ族……。こうした人びとは、日常生活の一部となった、本能的・根源的な霊的《れいてき》世界観を持っている。

部族宗教をもつ人びとの例を紹介《しょうかい》しよう。

アフリカの部族

アフリカの部族は一般《いっぱん》に、家族に根ざした実際的な宗教観をもっている。彼らが儀式《ぎしき》や式典をおこなうのは、所属する共同体の健全なる発展をねがってのことだ。公式なガイドラインのようなものはないため、彼らが実《じっ》践《せん》するしきたりは、しばしば外部の影響《えいきょう》を受けて変わる。

儀式《ぎしき》

儀式には新年や収穫《しゅうかく》を祝うもの、仲間の誕生、結婚《けっこん》、死に際しておこなわれるものなどがある。時には動物をいけにえにしたり、音楽やダンスを入れたりする。成人の儀式には、体に模様を描《えが》いたり、傷をつけたりするものや、狩《か》りのような特定の仕事をさせるものがある。先祖などの霊《れい》から協力と恵《めぐ》みをうけ、霊と調和する儀式も、部族宗教では重視されている。

人生の解釈

アフリカの民話のなかには、人間がなぜ不幸や病気に見舞《みま》われるのかを説明したものがある。はるかな昔、人間と神々が仲よく暮らしていた時代があった。ところが人間は、ケンカなどをして秩序《ちつじょ》をみだし、罰《ばっ》せられることになった……。人の死は、先祖がすむ死後の世界への入り口だと見なされる。死後の世界のいごこちは、残された者たちがその死者をどれほど思いだすかによって変わる。

仮面には先祖の霊《れい》をあらわしたものも多い。

ガーナのアシャンティ族は輪廻転生《りんねてんせい》を信じている。人はこの世で与《あた》えられた仕事を終えるまで、何度でも生まれかわると考えるのだ。仕事を終えると、死者は先祖の世界に入っていく。

北極圏《ほっきょくけん》の部族

北極圏にすむ部族（カナダのイヌイット、シベリアのチュクチ族やネネツ族など）は、いくつもの共通点を持っている。厳しい寒さや食料の乏《とぼ》しさだけではなく、信《しん》仰《こう》も似かよっている。

北極圏

彼らの世界観

人間にかぎらず、すべての生物が魂《たましい》をもっ
狩《か》りの獲物《えもの》を確保するには、手のこんだ
式《しき》をおこなわなければならない。陸上の
物には種ごとに違《ちが》った「管理者」がいる。
の哺乳類《ほにゅうるい》や魚は、ひとりの女神がまとめて管理している。そ
した「管理者」たちは、部族の儀式のできばえによって、配
の動物を与《あた》えたり、与えなかったりする。

霊界《れいかい》の案内役

北極圏《ほっきょくけん》の部族には、たいていシャーマンと呼ばれる宗教指導者がいる。シャーマンは人間と霊界《れいかい》との橋渡《はしわた》しをしたり、病気や不猟《ふりょう》の原因を探っては、その解決法を提案したりする。シャーマンはしばしば歌や太鼓《たいこ》の力をかりて、トランス状態（我を忘れた状態）に入る。そのとき彼らは、特別な知識や力に触《ふ》れることができるという。

シャー
の仮面

イヌイットは「永遠の生」を信じている。だが、この世から死後の世界に移るには、1年以上かかるという。魂《たましい》は巨大《きょだい》な毛皮のじゅうたんの下をくぐって、その旅をする。

彼ら自身はそれを、いわゆる宗教とは見なしていない。しかし、そうした世界観の多くに、次のような要素が共通して見られる。

うやまう：
重要な人物、精霊《せいれい》、物質などをうやまうことで、心に安らぎを得る。その対象となるのは神、先祖（肉体的には死んでいるが、なお影響力《えいきょうりょく》の大きな人物）、年長者、聖職者などだ。動物、植物、雲、聖地などに敬意が向けられることもある。

儀式《ぎしき》：
重要な人物をたたえるためにおこなう。その人物が満足なら、人びとの生活もよりよくなるという理屈《りくつ》だ。儀式は多くの場合、尊敬をあつめる高齢《こうれい》のシャーマンなどの手で進められる。シャーマンというのは聖職者・魔術師《まじゅつし》・医者を兼《か》ねた人物で、特別な力を持つと信じられている。

与《あた》える：
贈《おく》り物をたがいに交換《こうかん》しあうことは、人生のなかでも大変に意義深い行為《こうい》だ。また重要な人物や存在に何かをささげることは、愛と尊敬のあかしになる。

アメリカ先住民
アメリカ先住民にはさまざまな部族があるが、どの部族の人びとも、人生のすべては巨大《きょだい》な輪の一部だと信じている。その輪の中心では、グレート・スピリット（それぞれの部族の主神・精霊《せいれい》）が生命を創造している。自分が大きな輪の一部だという思いは、人びとの世界観にも影響《えいきょう》を及《およ》ぼしている。光と闇《やみ》、暑さと寒さなどは対立したものではなく、互《たが》いのバランスを取るものと見なされる。人間同士の関係、人と自然との関係も、すべてはギブ＆テイクが基本となる。

自然の恵《めぐ》みをうけた部族
自然とともに生きてきたアメリカ先住民は、昔から雨や太陽などの神をうやまってきた。部族の宗教観が複雑なものになるか単純なものになるかは、それぞれの暮らし方におうじて変わった。たとえばアメリカ北東部の豊かな森林地帯に住むイロコイ族は、食べ物を探すのにそう長い時間をかける必要がない。そこで暇《ひま》にあかせてグレート・スピリットや、多くの下位の精霊《せいれい》、悪霊《あくりょう》などからなる複雑な宗教観を発達させた。イロコイ族は、人間が永遠の魂《たましい》をもつと信じている。

自然に恵《めぐ》まれなかった部族
一方、アメリカ南西部の乾燥《かんそう》地帯で暮らすアパッチ族の場合は、生きぬくことが最優先だった。儀式《ぎしき》につかうための物資が乏しかったために、結婚式《けっこんしき》をあげる習慣は発達せず、死後の世界についての考え方も統一されなかった。各人が独自に、自然や超《ちょう》自然的なものとの関係を築いたのだ。

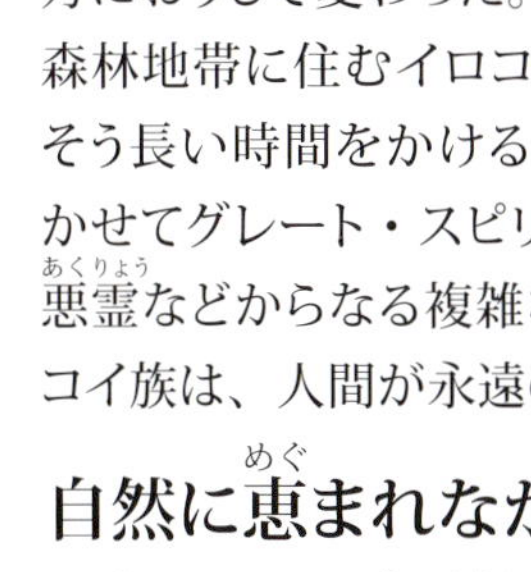

アリゾナ州の乾燥《かんそう》地帯では、簡単には食べ物が見つからない。

アメリカ先住民のトーテムポール

高くてじょうぶな木がそだつアメリカの北部太平洋岸では、先住民が背の高いトーテムポールをつくる。動物や人間の姿をかりて、部族の伝説や、氏族同士の関係、重要なできごとなどを表現する。

アボリジニー（オーストラリアの先住民）
19世紀にキリスト教の宣教師がオーストラリアの広い地域で布教をおこない、その教えは多くのアボリジニーに受けいれられた。現在でもアボリジニー固有の信仰《しんこう》やしきたりは残っているが、もはや彼らの3分の2以上はキリスト教徒だ。

アボリジニーが伝統的に信じてきたのは、この世とは別の時間の流れ（ドリームタイム）のなかで、万物が創造されたという考え方だ。数多くいた神々は、たいてい動物、植物、岩石などの具体的なものの形で表現された。どの神々も、独自の創造神話をもっていた。神々は皆《みな》、それぞれに世界への貢献《こうけん》を果たした。人びとに生きる指針を与えるのも、そのひとつだった。

東アジアの宗教

儒教《じゅきょう》

孔子《こうし》の死後、彼の思想は中国で大変に尊ばれ、ついにはひとつの宗教になった。その宗教は紀元前1世紀に国教になると、20世紀までその地位を保った。儒教は今も、何百万人というアジア人を導いている。

孔子《こうし》（紀元前551～479年）

主な教え

儒教《じゅきょう》は調和と寛容《かんよう》の精神にもとづき、個人や家族、社会が成功するための指針を示したものだ。孔子《こうし》は他者（特に年長者や身分が上の人）を愛し、うやまうこと、また善行を積むことや、伝統を重んじることを求めた。そして、それを達成するには、「仁《じん》」（思いやりのあるおこない）と「礼《れい》」（礼儀《れいぎ》）が大切だと説いた。

道教

道教の基礎《きそ》になっているのは、老子《ろうし》と荘子《そうし》という2人の思想家の著作だ。彼らは「道」こそが宇宙をつかさどる原理だと説いた。道教は紀元前2世紀に宗教として成立し、後にほかの思想を吸収していった。

道教の指導者たち

主な教え

道教は心の内面に目をむける信仰《しんこう》だが、儀式的《ぎしきてき》な礼拝や易学も重視する。儒教《じゅきょう》と同様、陰陽学《いんようがく》との関係が深く、宇宙との調和や他者への思いやりの大切さを強調する。信者はこの世の暮らしがよくなるばかりでなく、天国に昇《のぼ》って、不死になれると信じている。

神道《しんとう》

神道は、日本でしか見られない宗教で、この国のアイデンティティーの一部ともなっている。有史以前からつづく儀式《ぎしき》や信仰《しんこう》が融合《ゆうごう》した古い宗教であるため、特定の開祖はいない。「神道」という名前は、西暦《せいれき》550年前後に仏教が日本に伝わったとき、新たな思想との混同を避《さ》けようとしてつけられた。

太陽神の天照大神《あまてらすおおみかみ》は、皇室の祖神《そしん》とされている。日の丸が国旗の図案となっているのはそのためだ。

神の道

神道を信じる人びとは、神（神々、精霊《せいれい》、先祖、自然の力をひっくるめた存在）が常に自分たちの周囲にいると考える。太陽から草木、土地や石にいたるまで、すべてに神が宿ると信じられているのだ。よく知られた神もいれば、知られていない神もいる。よい神もいれば、悪いことをする神もいる。人間と神のあいだにはつながりがあり、偉業《いぎょう》をなしとげた人間は、しばしば死後に神としてあがめられる。歴史上の人物が神社にまつられ、神として扱《あつか》われている例もある。

中国や日本では、様々な宗教的伝統が入り混じるなかで、数多くの神々や精霊《せいれい》があがめられてきた。特によく知られているのは、中国で生まれた儒教《じゅきょう》と道教《どうきょう》、そして日本で生まれた神道《しんとう》だ。東アジアでは仏教（34ページ参照）も重んじられている。

儒教《じゅきょう》の神

儒教には唯一神《ゆいいつしん》に当たるものは存在しない。かわりに「太極」と呼ばれる究極の力があり、それが宇宙と人間の精神をコントロールしていると考える。ただし天界には、数多くの神々や精霊《せいれい》、先祖がすんでいる。人びとはそれらに祈《いの》りをささげ、豊作や病気が治ることなどを願う。

陰《いん》と陽

アジアの宗教の多くは、陰（暗、湿《しつ》、柔《じゅう》、冷、女）と陽（明、乾《かん》、硬《こう》、暖、男）の原理を取りいれている。あらゆるものは陰と陽を異なる割合でもっていると考え、そのバランスを取って調和を達成することを究極の目標にする。

中国人に人気の宗教

儒教《じゅきょう》、道教、仏教が融合《ゆうごう》した教えは、世界中の中国系住民に信仰されている。彼らは共同体の祭りや、神々への礼拝、寺院への献金《けんきん》、香《こう》をたく習慣などを大切にしている。

太極拳《たいきょくけん》

道教の教えは「気」の理解にやくだつ。「気」とは体内をながれ、すべての生き物をつないでいるエネルギーのこと。太極拳の優雅《ゆうが》な動きは、単なる体の鍛錬《たんれん》ではなく、「気」の自由な流れをうながすためのものなのだ。首尾《しゅび》よく行けば、体内のすべての力とエネルギーをひとつに合わせて、解き放つことができる。

神社への参拝

人びとは休日や、願い事をしたいときなどに神社をたずねる。神道で重視されるのは、人間と神との良好な関係をたもつことだ。すべてが順調なら、神は世の中をとどこおりなく動かしてくれる。仏教の寺院でも、よく似た礼拝がおこなわれる。

神道の教え

神道のキーワードは「和」だ。日本は「和」の国であり、人びとは周囲と調和し、楽しく豊かに暮らすことを大切にする。それを助けるのが神の役目であり、人びとはその返礼として神社に参拝し、神の世話をする。

神と仏の役割分担

日本では、主として神道がこの世の問題をあつかい、仏教が死を担当する。これは異なる宗教を両立させている好例だ。日本人は人生のあらゆる場面で、神道、仏教、地域の風習を使いわける。子どもが生まれたときには神社にお参りし、誰《だれ》かが死ねば寺で葬式《そうしき》をするという具合。そのために多くの日本人は、「神道の信者として生まれ、仏教徒として死ぬ」と言われる。

相撲《すもう》

相撲の起源は神道と密接なかかわりをもち、その歴史は何世紀もまえにさかのぼる。初期の相撲は、神社で神を楽しませるためにおこなわれていた。朝廷《ちょうてい》は豊作を願って、そのスポンサーとなった。

新宗教運動

多様な新宗教運動

・バハーイ教
始まり：1863年、テヘラン（イラン）
創始者：バハー・アッラー
信者数：500～700万人

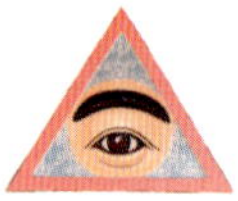

・カオダイ教
始まり：1926年、ベトナム
創始者：ゴ・ヴァン・チェウ
信者数：800万人

・クリスチャン・サイエンス（キリスト教科学）
始まり：1879年、マサチューセッツ州（米国）
創始者：メアリー・ベーカー・エディ
信者数：40万人

・末日聖徒イエス・キリスト教会（モルモン教）
始まり：1830年、ニューヨーク（米国）
創始者：ジョセフ・スミス・ジュニア
信者数：1200～1300万人

・法輪功《ほうりんこう》
始まり：1992年、中国
創始者：李洪志《りこうし》
信者数：1000万人

・世界基督《キリスト》教統一神霊《しんれい》協会（統一教会）
始まり：1954年、韓国《かんこく》
創始者：文鮮明《ぶんせんめい》
信者数：25万～100万人

宗教は一般《いっぱん》に、何世代にもわたって家族に伝えられてきた伝統や文化の一部のように考えられている。だが、この180年のあいだに、何百という新宗教運動が、世界各地でおこっている。

新たな宗教、新たな思想

新宗教運動には、既存《きそん》の世界宗教を下敷《したじ》きにしたものが多い。しかし、中には完全に独創的なものもある。「サイエントロジー」の創設者のL・ロン・ハバードは、誰もが不《ふ》滅《めつ》の精神（セイタン）をもち、その能力は無限だと考えた。だがセイタンは人生の経験（エングラム）によって損なわれるので、救済を得るためには、精神的なカウンセリング（オーディティング）を通じて浄化《じょうか》しなければならないのだという。

L・ロン・ハバードの著書や講演、映像が、サイエントロジーの聖典になっている。

足跡《そくせき》をたどって

ヒンドゥー教が母体

「クリシュナ意識国際協会（ハレー・クリシュナ運動）」はヒンドゥー教にルーツをもつ宗教運動だが、クリシュナ神を至高の神としてあがめる。ヒンドゥー教徒と同様に輪廻《りんね》を信じ、ベーダを聖典にしている。信者が生活の中心にしているのは、詠唱《えいしょう》やヨーガを通じたバクティ（クリシュナ神への奉仕《ほうし》）だ。

設立者A・C・バクティヴェーダンタ・スワミ・プラブパーダの像

キリスト教が母体

「エホバの証人」「末日聖徒イエス・キリスト教会（モルモン教）」「クリスチャン・サイエンス」は、キリスト教を母体にした数多くの新宗教運動の一例だ。しかし、これらは必ずしも正式なキリスト教の教派とは認められていない。なぜならその教えは、たとえば三位一体を否定するなど、キリスト教の主流とはあまりにかけ離《はな》れているからだ。

モルモン教の初期の指導者、ブリガム・ヤング

なぜ宗教をつくるのか？

既存《きそん》の世界宗教と同様、新宗教運動の多くも、新たな神の啓示《けいじ》を受けたと信じる人びとが創始している。（少なくとも預言者の大半は、神からの啓示を受けている。瞑想《めいそう》によって悟《さと》りを開いたブッダなどは、数少ない例外だ。）

教えを広める

健康とは
肉体の状態ではなく
心の状態です

メアリー・ベーカー・エディが「クリスチャン・サイエンス（キリスト教科学）」を創始したのは、医学の助けをかりずに重いケガから回復したことがきっかけだった。聖書に書かれたイエス・キリストの癒《いや》しの物語を読んでいたエディは、癒しをもたらすのは霊的《れいてき》な手段なのだと悟《さと》ると、突然《とつぜん》、健康を取りもどした。以来、彼女は「神を知ることで心身が健康になる」という教えを説きつづけた。

新宗教運動の多くは、既存《きそん》の世界宗教から生まれている（まったくの別物になってしまったものもあるが）。いくつかその例を挙げよう。

イスラム教が母体

バハーイ教の前身となる宗教をつくったバーブ（本名セイイェド・アリー・モハンマド）は、イスラム教徒として育った。しかし彼は、「イスラムの教えは神の最終的な意志ではない。将来、別の預言者があらわれて、その続きをつたえる」という啓示《けいじ》を受ける。その預言者とされるのが、バーブの弟子のバハー・アッラー（バハーイ教の開祖）だ。

イスラエルのハイファにあるバハーイ教本部

仏教が母体

如来《にょらい》といえば、はじめブッダをあらわす釈《しゃ》迦《か》如来をさしたが、その後、大日《だいにち》如来、阿弥陀《あみだ》如来、薬師《やくし》如来など、さまざまな如来がうまれた。仏教は時代を経て、多くの僧《そう》たちによってさまざまな宗派がひらかれる。13世紀の日本の仏教僧、日蓮《にちれん》がひらいた日蓮宗《にちれんしゅう》もそのひとつ。新宗教の創価学会インターナショナルは、日蓮宗の一派からうまれて独立し、いまでは世界中に多くの信者がいる。

鎌倉の大仏は阿《あ》弥陀如来像《みだにょらいぞう》だ。（奈良の大仏は大日如来像）

・クリシュナ意識国際協会（ハレー・クリシュナ運動）

始まり：1966年、ニューヨーク（米国）
創始者：バクティヴェーダンタ・スワミ・プラブパーダ
信者数：25～100万人

・エホバの証人

始まり：1879年、ピッツバーグ（米国）
創始者：チャールズ・テイズ・ラッセル
信者数：650万人

・ラスタ主義

始まり：1930年、ジャマイカ
創始者：マーカス・ガービー
信者数：100万人

・サイエントロジー

始まり：1954年、カリフォルニア州（米国）
創始者：L・ロン・ハバード
信者数：7万～数百万人

・創価学会インターナショナル（SGI）

始まり：1930年、日本
創始者：牧口常三郎《まきぐちつねさぶろう》
信者数：1200万人

カルト

新宗教運動は、かつて「カルト」と呼ばれていた。しかし現在では、「カルト」という言葉は否定的なニュアンスで使われる。「信者を洗脳したり、家族から引き離《はな》したりすることで、平穏《へいおん》な生活をおびやかす団体」といった意味あいだ。大半の新宗教運動はそうしたものではないが、終末思想をもつ教団（「死ねば救済がもたらされる」と考える）のようなカルトも確かに存在する。

現代的な

20世紀後半になって、豊かな西洋の国々では、既存《きそん》の宗教に背を向ける人びとが続出した。かわって人気を集めたのが、現代的なスピリチュアル思想だ。そこにはルールや儀式《ぎしき》はない。ただひたすらに自然のエネルギーを感じとり、自己と他者に注意をむけ、平和と幸福を追求していればいい。

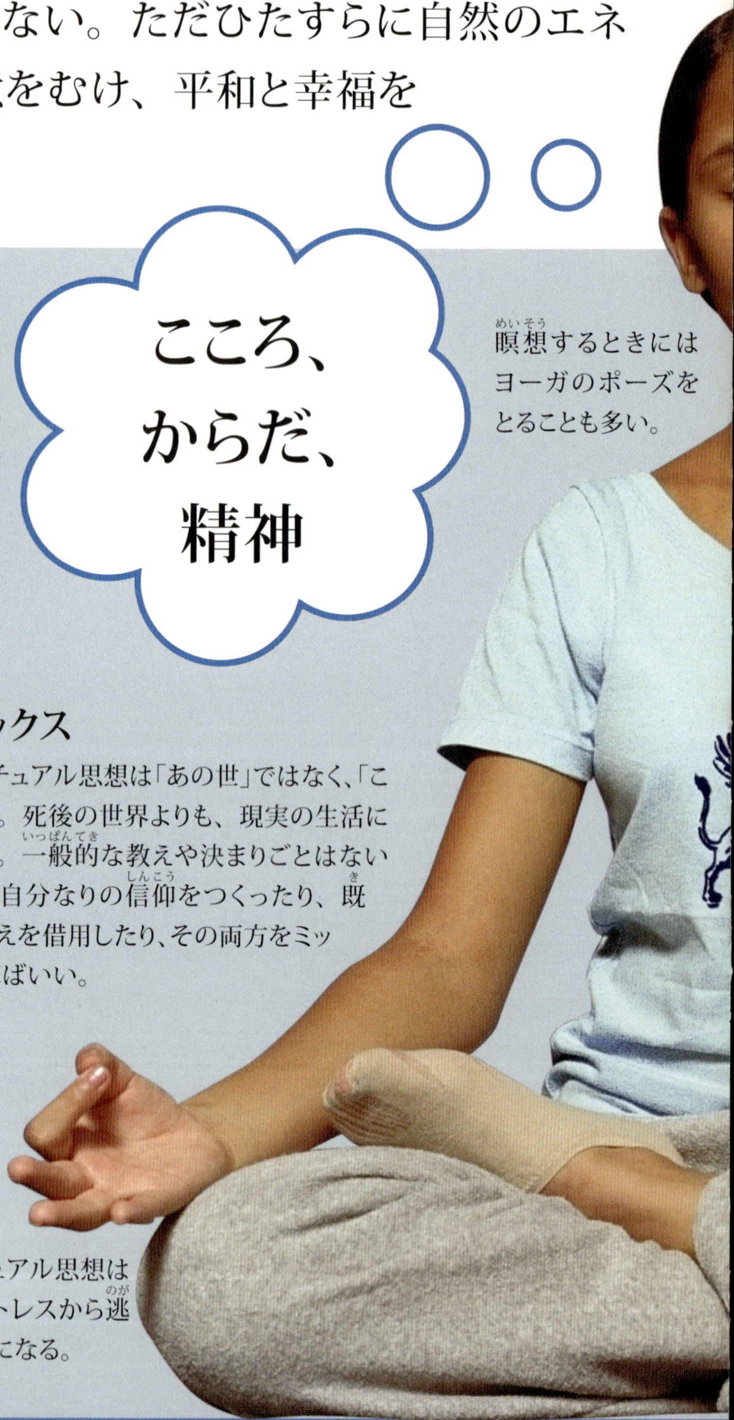

瞑想《めいそう》するときにはヨーガのポーズをとることも多い。

内面を見つめる

「自己開発」は現代のスピリチュアル思想が最も重視するもののひとつだ。これは利己的になれということではなく、自分の心の声に耳をかたむけ、悟《さと》りを見いだそうということ。現代のスピリチュアル思想においては、「生きること」は「神」以上に神聖なものとされる。人は人生を尊び、100%生き切らなければならない。

自分なりの道

自由と独立もまた重要だ。生きることに正直になるためには、自由を制限し、自己発見を妨《さまた》げるようなルールにしばられることなく、自分なりの道を進まなければならない。日々のストレスは、時に人生のバランスをくるわせる。そんなとき、スピリチュアル思想は、心、体、精神のバランスを取りもどす助けとなる。

選んでミックス

現代のスピリチュアル思想は「あの世」ではなく、「この世」志向だ。死後の世界よりも、現実の生活に関心をむける。一般的《いっぱんてき》な教えや決まりごとはないので、各人が自分なりの信仰《しんこう》をつくったり、既《き》存《そん》の宗教の教えを借用したり、その両方をミックスしたりすればいい。

スピリチュアル思想は日々のストレスから逃《のが》れる手段になる。

スピリチュアル思想は、既存《きそん》の宗教と空虚《くうきょ》な無宗教とのあいだの中間的な選択肢《せんたくし》になる。

スピリチュアル思想

東洋に学べ

仏教や道教のような東洋の宗教は、心の充足《じゅうそく》をもとめる西洋人にしばしば道を示してきた。東洋の宗教は宇宙との調和を重んじるが、これは現代のスピリチュアル思想においても、ひとつの重要な要素になっている。ただ、西洋に移植されるとき、東洋思想は大きく改変されがちだ。本来の神聖な教えは、現代のスピリチュアル思想に取りこまれるとき、宗教的な意義をなくす。

ある人びとにとって、ブッダは静穏《せいおん》の象徴《しょうちょう》だ。

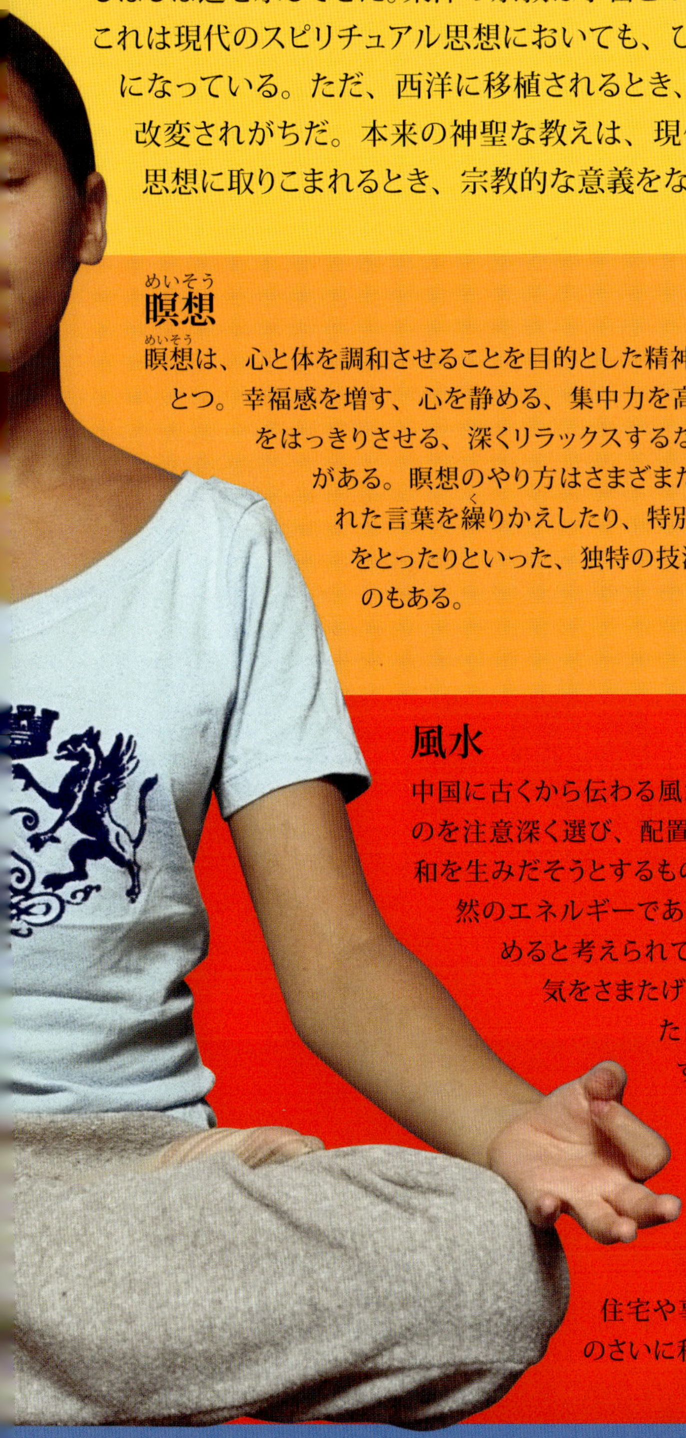

瞑想《めいそう》

瞑想《めいそう》は、心と体を調和させることを目的とした精神修養のひとつ。幸福感を増す、心を静める、集中力を高める、頭をはっきりさせる、深くリラックスするなどの効果がある。瞑想のやり方はさまざまだ。決められた言葉を繰《く》りかえしたり、特別なポーズをとったりといった、独特の技法を使うものもある。

ヨーガ

ヨーガとは、インドにルーツをもつ多様な肉体や精神の修行をさす言葉で、本来は「コントロールする」または「結合する」という意味をもっている。ヒンドゥー教、ジャイナ教、仏教には、ヨーガと縁《えん》の深いしきたりがある。ヨーガには様々なポーズがあり、その多くは精神的な幸福と関連づけられている。

風水

中国に古くから伝わる風水は、身のまわりのものを注意深く選び、配置することによって、調和を生みだそうとするものだ。よい風水は、自然のエネルギーである「気」をとらえ、強めると考えられている。風水によって、気をさまたげるものが取りのぞかれたり、跳《は》ねかえされたりするためだ。その結果、自然との調和が実現、潜在力《せんざいりょく》がフルに発揮され、幸福感が増進する。風水は都市計画や建築設計、住宅や事務所の模様がえなどのさいに利用される。

風水の実践《じっせん》

風水にかなった部屋は、気の流れをさまたげるような柱や梁《はり》や出っぱりがない。健康な植物は自然を象《しょう》徴《ちょう》し、気の流れを促進《そくしん》する。一方、しおれた植物や枯《か》れた花をおけば、逆効果になる。色彩《しきさい》も重要だ。緑色は平静、赤は力強さ、黄色やオレンジ色は自信につながる。

無神論

神を信じない、あるいは、神が存在するということを否定する立場が無神論だ。しかし、そもそも「神」の定義がいろいろだから、定義の選び方によって無神論の中身はずいぶんと変わってくる。

ひとくちに無神論といっても、解釈《かいしゃく》は様々だ。無神論者は、基本的には神（々）を信じていない。しかし神の存在自体を否定する人もいれば、単に神への信仰《しんこう》がないだけの人もいる。

無神論の解釈《かいしゃく》の違《ちが》い
神は存在しない
と信じている。
神を信じていない。
しかし神が存在しない
とまでは言わない。
否定
不信心

無神論の類型

神のいない宗教

水

仏教、儒教《じゅきょう》、道教は、もともと神を持たない宗教だ。神が万物を創造したという考え方自体がない。しかし、こうした東洋の宗教を無神論と呼ぶことはない。無神論とは、あくまでも西洋的な一神教に対して生みだされた考え方だ。

人間主義（ヒューマニズム）

すべての真理や価値は、神の啓示《けいじ》によってもたらされるのではなく、人間の心のなかから生まれるとする考え方。道徳を教えるのにも、彼らは宗教にたよらない。人間主義者は死後の世界も信じない。この世がすべてなのだから、人は今ここで道徳的に行動するべきだと考える。

理性主義

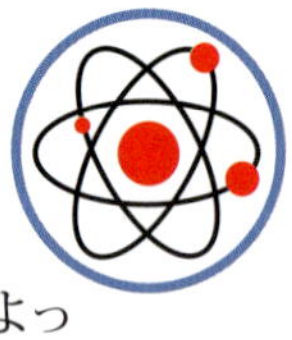

すべての宗教は理性と科学の審判《しんぱん》をうけるべきだとする考え方。理性的な議論と、科学的な証拠《しょうこ》によって正しさが証明された宗教しか認めない。神が存在する証拠がない以上、人は無神論者か不可知論者になるべきだと主張する。

不可知論《ふかちろん》とは何か？

わたしはギリシア語の「知りえない」という言葉をもとに、「不可知論」という言葉をつくった。無神論者の主張は極端《きょくたん》すぎる。神が存在するのかしないのかは、本当のところわかるまい。答えられない質問には、答えるべきではなかろう。

「わからない」だけでは足りない

不可知論とは、単に「神がいるかどうかわからない」ということを意味するものではない。「十分な情報がないのなら、結論をくだすべきではない」という考え方だ。

トマス・ヘンリー・ハクスリー
（1825～1895年）

国際ヒューマニスト倫理《りんり》同盟のシンボルマーク。「幸せな人間」をあらわしている。

わたしは無宗教です。とすると、わたしは無神論者ですか?

無神論って宗教なの?

厳密には違《ちが》う。だが、無神論者のなかにも、宗教的規範《きはん》のようなものにしたがう人びとがいる。たとえば人間主義者なら、一定の道徳的信念をもち、人前での結婚式《けっこんしき》や葬儀《そうぎ》をとりおこなう。「ユダヤ教の人間主義者」のように、既存《きそん》の宗教の枠《わく》のなかで人間主義をつらぬく人びともいる。彼らは創造神の存在こそ認めないものの、その宗教の文化やしきたりには従う。

宗教とはまるで無関係に生きている人びともいる。

彼らは必ずしも神の存在を否定しない。神について考えることさえないからだ。こうした人びとは穏健《おんけん》な無神論者といえるだろう。同時に、ある種の不可知論者でもある。

世俗《せぞく》主義

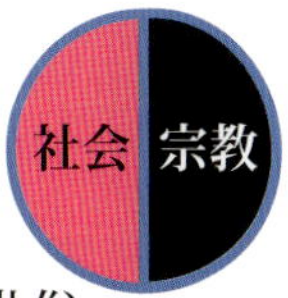

社会と宗教は切りはなすべきだとする考え方。個人が自宅で宗教的な行為《こうい》をするのはかまわないが(世俗主義者が全員、無神論者というわけではないので、彼ら自身がそうする例もある)、学校のような公的な場所では禁じるべきだとする。

新しい無神論

リチャード・ドーキンス、ダニエル・デネット、サム・ハリス、クリストファー・ヒッチェンズらの著作をもとに、2004年、新無神論の運動が始まった。宗教に否定的な彼らは、科学と論理をもちいて宗教の誤りを証明するべきだと主張する。

不可知論の類型

強硬《きょうこう》な不可知論

神(々)が存在するかどうかは誰《だれ》にもわからない。十分な証拠《しょうこ》がないし、これからも見つからないだろう。

穏健《おんけん》な不可知論

神(々)が存在するかどうかは今のところわからない。しかし将来は、それが明らかになるかもしれない。

不可知論的有神論

神は信じているが、たしかに存在するという証拠《しょうこ》はない。または、神は信じているが、神について何ひとつ知らない。

不可知論的無神論

神は信じていないが、たしかに存在しないという証拠《しょうこ》はない。

無神論の歴史

起源は古代ギリシア

無神論は古代ギリシアの時代に生まれたとされている。当時は神を信じないことは犯罪だった。しかし神の存在自体を否定するような、強硬《きょうこう》な無神論者はめったにいなかった。

近代の無神論

強硬《きょうこう》な無神論は、近代の西洋思想のなかから誕生する。17世紀の啓蒙《けいもう》思想に刺激《しげき》された無神論者たちが、キリスト教会の権威《けんい》に挑《いど》んだ。学者たちは聖書の物語の出どころや信ぴょう性に疑問を投げかけ、科学が宗教に代わって様々な疑問を解きはじめた。

1841年、哲学者《てつがくしゃ》のルートヴィッヒ・フォイエルバッハは、「神は存在しない。人生の目的を理解するための手段として、人間が発明したものだ」と述べた。

1844年、カール・マルクスは「人間が宗教をつくったのであって、宗教が人間をつくったのではない」と書いた。彼はまた、宗教をアヘンと呼んだ。宗教は人間を抑圧《よくあつ》しつづけるという意味だった。

1859年、チャールズ・ダーウィンは進化論を発表した。万物の創造についてのキリスト教会の説明を否定する内容だったが、ダーウィン自身は神と進化の両方を信じてもかまわないと感じていた。

神は死んだ。

(つまりだな、人は神を信じるのをやめることで、神をほうむったということじゃよ)

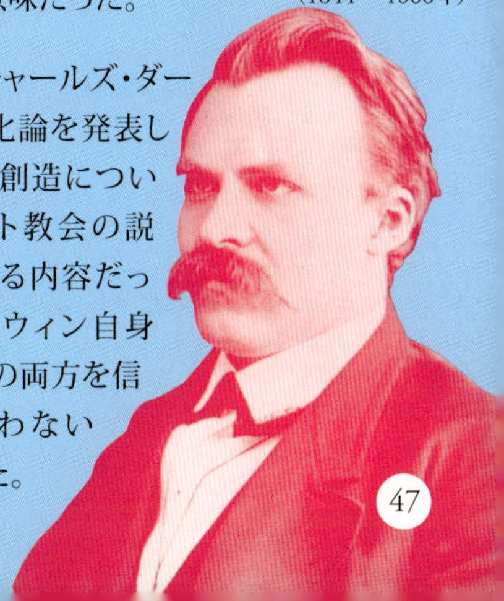

フリードリッヒ・ニーチェ
(1844〜1900年)

お祭りや儀式《ぎしき》があると、大切なものや、大切な人のことを思いだすよ。
きれいな色のお供えをして、神さまをたたえるの。
お静かに！祈《いの》りに集中したいのでね。

? 宗教と行動

内面の信仰《しんこう》ばかりが宗教ではない。

見習い僧《そう》は
学ぶことが
たくさんあるんだ。

宗教を信じる人びとは、「何を信じるか」だけではなく、「どう行動するか」もまた問われる。何を着るか、何を食べるか、何を語るかが、信じる宗教によって変わってくる。実際のところ、宗教は人の行動のあらゆる面に影響《えいきょう》をあたえると言っていい。

しかし、そうした宗教的なしきたりは何のためにあるのだろう？　信者にとって、どんな意味を持つのだろう？　そのルーツはどこにあるのだろう？

前の章では、主だった宗教の教えを紹介《しょうかい》した。この章では、宗教と行動の関係に目をむけよう。

聖典

聖典ってどういうものなの？

各宗教の聖典には、指導者や神の言葉、その考え、功績などが載《の》せられている。聖典の多くは、最初は口承で伝えられてきたが、ある時点で文字に記された。それによって忘れられることがなくなったし、その宗教が世界中に広まっても、教えの一貫性《いっかんせい》を保てるようになった。

ブッダの教えが書かれた経典「三蔵」

書かれているのは誰《だれ》の言葉なの？

ほとんどの聖典は、神から伝えられた言葉だと受けとめられている。たとえばイスラム教の「コーラン」は、神が預言者ムハンマドに啓示《けいじ》したものだ。一部には、それが本当に神（または使いとなった天使など）の言葉なのかと疑う声もある。それが科学的に立証される日は、おそらく永遠に来ないだろう。しかし肝心《かんじん》なのは、信者がその聖典の権威《けんい》を認めていることだ。聖典には、教えにたいする注釈《ちゅうしゃく》や詩も含《ふく》まれている。書いたのは、やはり神の啓示を受けたり、自ら悟《さと》りを開いたりして、大衆を教え導く権威《けんい》を身につけた人びとだ。

新約聖書のマタイ、マルコ、ルカ、ヨハネの各福音書は、イエス・キリストの生涯《しょうがい》と功績を記したことによって、その権威《けんい》を得ている。

聖典の読み方

人は人生の大問題を解決したいときはもちろん、日常の細かな疑問を解きたいときにも聖典を読む。どうふるまうべきか、何を食べるべきか、従わないとどうなるかといったようなことだ。しかし聖典に隠《かく》されたルールを読みとくのは、必ずしも簡単ではない。そこで宗教によっては、ルールを細かく解説した注釈書《ちゅうしゃくしょ》を用意している。

63巻からなる「タルムード」は、ユダヤ法についてのラビ（律法教師）の議論をまとめたもの。600年かけてまとめられたが、研究は今もつづいている。

ユダヤ教

聖典の名前：タナーク（ヘブライ聖書）
内容：３つのパートに分かれた24の書
- トーラー（律法＝モーセの五書）
- ネイビーム（預言書）
- ケトゥビーム（諸書）

言語：ヘブライ語（一部はアラム語）
成立：紀元前1313年〜紀元前６世紀

仏教

聖典の名前：三蔵
内容：３つの経典
- 経蔵（ブッダの教え）
- 律蔵（仏教徒が守るべき規則）
- 論蔵（教えの解釈《かいしゃく》）

言語：パーリ語
成立：当初は口伝え。紀元前３世紀〜紀元前１世紀に初めて文字にされる。

ヒンドゥー教

２種類の聖典がある。
シュルティ（天啓《てんけい》聖典）は、学者に啓示《けいじ》された神の言葉。ベーダを含む。
スムリティ（聖伝文学）は、法や儀式《ぎしき》、神話を教えるために書かれた。
言語：サンスクリット語
成立：最古のベーダは紀元前1500年ごろ。

それぞれの宗教の信条や規範《きはん》は、すべて聖典の解釈《かいしゃく》から生まれている。人びとは聖典の言葉から、信仰《しんこう》の意味を見いだし、導きをうける。聖典には、教えや法、物語、詩、歴史など、様々な内容が含《ふく》まれている。

ヒンドゥー教の聖典「バガバット・ギーター」には、クリシュナ神が御者《ぎょしゃ》の姿で登場する場面がある。戦いをためらう戦士に、戦うことは義務であること、誰《だれ》もが生まれてきた目的を果たさなければならないことを説いている。

寓話《ぐうわ》の教訓

その宗教のなりたちを伝える教えなどは、聖典のなかで、しばしば歴史的事実として語られる。一方、寓話のかたちで教えを語り、わかりやすく、覚えやすいものにしている例もある。時には、聖典のある一節が事実か寓話かを、信者同士が議論することもある。

聖なる言葉、聖なる書物

たいていの宗教では、神の言葉をしるした本や巻物自体が、神聖なものとしてあつかわれる。じかに床《ゆか》に置いたり、放り投げたりすることは、ありない。手書きのコーラン（ムシャフ）をつくるときは、神の言葉を一字一句変えないよう、慎重《しんちょう》に筆写される。デザインされた文字や文様をつかって美しく飾《かざ》りたてることはあるが、人や動物のさし絵は入れない。それは偶像崇拝《ぐうぞうすうはい》と見なされ、厳しく禁じられているためだ。

万人のための知識

礼拝などがおこなわれる場では、必ずと言っていいほど聖典の一節が読まれる。信者はそれによって、生きていくうえでの教訓を学んだり、神の存在を思いだしたりする。声高く朗読すれば、会衆の耳に一層届きやすくなる。言葉に節をつければ、覚えやすくもなるだろう。好きな歌の歌詞と同じで、１度覚えてしまえば、２〜３年はその文句を忘れないはずだ。

グランティと呼ばれる僧《そう》が、シーク教の聖典「グル・グラント・サーヒブ」を音読する。

最新の「ムシャフ」にも、1000年前のコーランとまったく同じ言葉が書かれる。

イスラム教

聖典の名前：コーラン
内容：預言者ムハンマドに啓示《けいじ》されたアッラー（神）の言葉。114章からなる。
言語：アラビア語
成立：啓示があったのは610〜632年。当初は人が暗記していたが、650年ごろに初めて文字にされた。

キリスト教

聖典の名前：聖書
内容：旧約聖書（ヘブライ聖書とほぼ同じもの）
新約聖書（４つの福音書を含《ふく》む27書）
言語：ヘブライ語、アラム語、ギリシア語（14世紀にラテン語に翻訳《ほんやく》）
成立：書かれた時期は様々だが、完成は西《せい》暦《れき》95〜150年。

シーク教

聖典の名前：グル・グラント・サーヒブ
内容：グルやそのほかの人びとが書いた1430ページの賛歌。
言語：パンジャブ語をグルムキー文字で表記
成立：1604年に初めて編集。1700年ごろに改訂版《かいていばん》が完成。

祈《いの》り

祈りの要素

祈りにはすべての宗教に共通する要素がある。「賛美」「要望」、そして「告白」だ。神への感謝は、しばしば願いごととセットになっている。詰《つ》まるところ、祈りとは、神に何かを頼《たの》みこみ、礼儀《れいぎ》正しく礼を言う行為《こうい》でしかないのかもしれない。

主の祈り

天におられるわたしたちの父よ、
み名が聖とされますように。
み国が来ますように。
みこころが天に行われるとおり
地にも行われますように。
わたしたちの日ごとの糧を
今日も お与えください。
わたしたちの罪をおゆるしください。
わたしたちも人をゆるします。
わたしたちを誘惑におちいらせず、
悪からお救いください。
国と力と栄光は、
永遠にあなたのものです。
アーメン

（日本聖公会／ローマ・カトリック教会共通口語訳）

神を賛美し、その力や功績をたたえる。

人はあらゆることを要望する。

罪を告白し、許しを求める。

「主の祈り」はキリスト教の重要な祈りだ。イエス・キリストが弟子たちに教えたもので、新約聖書に２度、出てくる。

祈りとは……

儀式《ぎしき》

祈りは宗教的な行為《こうい》、言いかえれば儀式だ。イスラム教では真っ先に祈りのしきたりができた。コーランには、預言者ムハンマドが、毎日２回祈るよう、神に命じられたと記されている。今日では、イスラム教徒は毎日５回、礼拝をする。イスラム法（シャリーア）には、祈りの言葉や、手を置く位置など、さまざまな決まりが定められている。

ひとりでも大勢でも

ユダヤ教徒は毎日３回、祈りをささげる。正式な礼拝をおこなうには、正統派ユダヤ教徒の成人男性が10人以上集まらなければならない。人数が足りなくても祈ることはできるが、一部の祈りの文句は除外される。日中、ひとりで唱える祈りもある。

神様に電話ができたらどうだろう？　直接、頼《たの》みごとや質問をぶつけ、その答えを聞けるとしたら？　残念ながら最先端《さいせんたん》の衛星通信をつかっても、（今のところ）それはかなわぬ夢だ。しかし信仰《しんこう》のあつい人びとは、神へのホットラインを持っている。それが祈りだ。

信仰《しんこう》

ヒンドゥー教徒にとって、マントラと呼ばれる祈りを唱えるのは、信仰の一部であると同時に、神への愛の表現だ。彼らのほとんどは自宅の神棚《かみだな》のまえで礼拝をする。お供えをあげ、ランプと香炉《こうろ》に火をつけて、マントラを唱えるのだ。マントラは言葉だけではなく、その響《ひび》きにも意味がある。音で神の注意をひくのである。

屋外の礼拝式で、供えものを準備するヒンドゥー教徒の家族。

精神性の向上

「シムラン」は、唯一神《ゆいいつしん》の存在という、シーク教の信仰の核心《かくしん》を思いだすための行為《こうい》だ。具体的には瞑想《めいそう》をしたり、毎日「ムール・マントラ」（36ページ参照）を唱えたりする。それによって、神のあらゆる側面を再確認し、その力を認めるのだ。

終わりなき祈り

チベット仏教の信者は、マントラを唱えて集中を高める。マントラを書いた旗を掲《かか》げたり、経文を「マニ車」と呼ばれる仏具に入れたりもする。旗がはためいたり、マニ車が回されたりするたびに、マントラが繰《く》りかえされるという理屈《りくつ》だ。

誰《だれ》のために祈るのか

一神教の宗教では、神は全能だと信じられている。そうだとしたら、わたしたちの祈りは神にとって必要なのだろうか。一部の人びとは、「特に必要ではないが、祈りを捧《ささ》げられれば神だってうれしいはずだ」と考える。ちょうど親が子どもに「ありがとう」と言われて喜ぶようなものだ。神もまた"子どもたち"の幸せを願っている。だが、"子どもたち"は時として、そのありがたみを忘れがちになる。祈りは神を思いおこすためのきっかけ。祈りを必要としているのは、神ではなく、信者自身なのだ。

神へのホットライン

祈りには心理的なメリットもあるかもしれない。精神集中や気分転換《てんかん》ができ、心の安らぎも得られる。時に祈りは、神につながる一方通行の電話のようにも思える。話しかけることはできるが、相手の声は聞こえない。しかし祈りを捧《ささ》げるうちに、本当に自分に必要なものや、したいことが見えてくる。

祈りと瞑想《めいそう》

無言の祈りを捧《ささ》げれば、心は神に集中する。瞑想もたいていは無言でおこなうが、祈りと違《ちが》うのは、神ではなく自分の内面に目をむけることだ。仏教では、心を集中させ、静かに物を考えることを「正念」と呼ぶ。仏教徒は瞑想することによって、前向きな態度をはぐくみ、否定的な気持ちをおさえこむ。

礼拝の場

教会や寺院、モスクやシナゴーグを訪ねてみよう。人びとが礼拝をおこない、神をたたえる姿が見られるはずだ。祈《いの》りや儀式《ぎしき》、瞑想《めいそう》や奉《ほう》納《のう》、聖典の学習など、礼拝の形式はさまざま。建物の様式や装飾《そうしょく》にも、一定の意味がある。

キリスト教の教会

霊感《れいかん》や教えを得るために、あるいは祈りや瞑想《めいそう》を深めるために、音楽は多くの宗教で使われる。キリスト教の礼拝でも、さまざまなスタイルの音楽を聞くことができる。大聖堂や修道院でよく歌われるのは、中世以来の歴史をもつ無伴奏《むばんそう》の聖歌だ。聖歌隊の歌やオルガン演奏をきかせる教会もある。礼拝に集まった人びとが賛美歌を歌う例も多い。

1枚の絵は1000の言葉に値する

東方正教会には多くのイコン（キリストや聖母などの絵や彫像《ちょうぞう》）が飾《かざ》られている。かつてはそれらを利用して、文字の読めない人びとに聖書の内容を教えていた。イコンは今も、信者が祈りに集中する助けになっている。イコンは、それ自体が崇拝《すうはい》の対象となることはないが、描《えが》かれた人物に対する敬意は、イコンに対しても向けられる。祈りを捧《ささ》げるとき、人びとはイコンの近くにキャンドルをともし、イコンに対してお辞儀《じぎ》やキスをする。

イスラム教のモスク

モスクには3つの目立った特徴《とくちょう》がある。礼拝の時を知らせるための塔《とう》（ミナレット）、入り口近くの手洗い場、メッカの方角をしめすくぼみ（ミフラーブ）だ。説教をするための壇《だん》もある。ただし椅子《いす》は置かれていない。人びとは手順にしたがって、立ったり、お辞儀《じぎ》をしたり、ひざまずいたりしながら、礼拝をすすめる。

男女別の礼拝

イスラム教徒の男女は、コーランの定めにしたがい、別々に礼拝をする。気が散るのを避《さ》けるためだ。多くのモスクには、男女それぞれの礼拝用の部屋がもうけられている。もっとも、女性は自宅で祈ることが多いのだが。

ユダヤ教のシナゴーグ

トーラー（律法）が記された巻物は、ユダヤ教で最も大切な聖具だ。普段《ふだん》はシナゴーグ内の保管箱におさめられているが、礼拝のときにはそれを取り出し、朗読し、全員に見えるようさし上げる。トーラーの保管箱と朗読用の壇《だん》（ビーマー）は、シナゴーグの中心だ。礼拝する人びとが保管箱に顔をむければ、それがすなわちエルサレムの方角になる。

礼拝の言葉

ユダヤ教の礼拝で使われる言葉は、必ずしも地元の言葉ではない。たとえばイギリスのユダヤ教徒は通常、英語を話すが、シナゴーグでの祈りはヘブライ語で唱える。人びとが意味を理解できるよう、ヘブライ語と、その英訳をならべた祈祷書《きとうしょ》も出ている。

シーク教のグルドワーラー

聖典の朗読は、多くの宗教で礼拝の中心になっている。シーク教の礼拝では、「グル・グラント・サーヒブ」の一節をひとりの読み手が先導して唱え、ほかの人びとがそのあとに続く。彼らにとっては、「グル・グラント・サーヒブ」が置かれた建物なら、どこであれグルドワーラーだ。

この聖典は、神をたたえて、特別な台座のうえに置かれている。

みんなで食事を

礼拝のあと、集まったシーク教徒は一緒《いっしょ》に食事をとるのが決まりだ。祝福された食べ物を全員で分けあい、人は誰《だれ》もが平等であることを確認する。

ヒンドゥー教徒の神棚《かみだな》

ヒンドゥー教にも寺院はあるが、信者は日常の礼拝のほとんどを自宅ですませる。寺院や自宅でおこなうプジャ（儀式的《ぎしきてき》な礼拝）の対象は、ヒンドゥー教のどの神や女神であってもいい。各戸には神棚《かみだな》がもうけられ、そうした神々のイコンや絵が飾《かざ》られている。大半のヒンドゥー教徒にとって、それらはあくまでも「神々の絵」だが、中には「神々そのもの」と考える信者もいる。

儀式《ぎしき》

イコンか偶像《ぐうぞう》か

宗教儀式では、しばしば特別な用具が使われる。礼拝者の注意を引くことなどが目的だ。ヒンドゥー教の礼拝は、たいていイコン（神々の彫像《ちょうぞう》や絵）を中心におこなわれる。

ゾウの姿をしたヒンドゥー教の神、ガネーシュ

しかし一部の宗教では、偶像崇拝《ぐうぞうすうはい》（偽《いつわ》りの神をあがめること）は禁じられている。ユダヤ教徒とキリスト教徒が守る十戒《じっかい》には、「偶像《ぐうぞう》をつくってはならない」とある。

イスラム教徒は、神は絵に描《えが》けないと信じている。神は霊的《れいてき》なものであり、肉体をもたないからだ。神の絵ばかりか、人間の絵も禁じられている。信者が神ではなく、ただの絵をあがめるようになっては困るということなのだろう。彼らは建築物や書物の装飾《そうしょく》にも、模様や飾《かざ》り文字しか使わない。

イスラム風のタイル

儀式をすることで、頭のなかの

儀式とはすなわち、パターン化された言葉や行動のこと。

1 清潔さは信心深さにつうじる

体を清める儀式をもつ宗教は少なくない。不潔さは邪悪《じゃあく》さを、清潔さは善良さや純粋《じゅんすい》さを連想させる。イスラム教徒は、礼拝のまえに手などを洗う儀式を欠かさない。体や衣服が清潔でなければ、祈りが神にとどかないからだ。体を清めているうちに、祈りにのぞむ心がまえもできてくる。

儀式の

2 食べるものが人をつくる

儀式は祭礼のなかでも重要な役割をはたす。ユダヤ教の過越《すぎこ》し祭は「セデル」と呼ばれる食事で幕をあけるが、そこで出されるのは、奴隷《どれい》生活をしていたユダヤ人がエジプトを脱出《だっしゅつ》する故事にちなんだ食品だ。

マッツァー
（パン種なしのパン）エジプトを脱出《だっしゅつ》したユダヤ人たちにならって、これを食べる。彼らにはパン生地をふくらませる時間がなかったのだ。

過越《すぎこ》し祭の食事「セデル」

ラムかチキンの骨
エジプト脱出《だっしゅつ》の前夜に、ユダヤ人たちが子羊を殺して食べたことを象徴《しょうちょう》している。もちろん、この骨は食べない。

マロール（苦い野菜）
ユダヤ人の祖先がエジプトで奴隷《どれい》生活を送っていたころの苦難を思いだすために食べる。

目覚めて最初にすることは何だろう？　祈りを唱える人びともいれば、手を洗う人びともいるし、決められた順番に服を着る人びともいる。信仰のあつい人びとの生活は、そうした儀式に満ちている。だが、儀式にはどんな意味があるのだろう？

考えや信念が、行動にあらわれる。

3 信仰を行動でしめす

部族宗教のなかには、別世界にすむ神々や祖先の霊《れい》を信じるものが多い。その世界についての特別な教えがあるわけではなく、理屈《りくつ》ぬきで受けいれられている。人びとは儀式的なダンスや捧《ささ》げものによって神々や祖先をたたえ、信仰を言葉ではなく行動で表現する。

4 歴史の再現

あれこれ

儀式には、その宗教の故事を再現し、現在の人びとにとっても意味あるものにしようとするものが多い。キリスト教の聖体拝領（聖餐式《せいさんしき》）は、イエス・キリストが死ぬまえに弟子たちととった最後の晩餐《ばんさん》を思いおこすためのものだ。式では聖書の一節が読まれ、集まった人びとがパンとワインを少しずつ分けあう。ローマ・カトリック教会の信者は、このパンとワインがキリストの肉と血になったと信じている。

聖体拝領（聖餐式《せいさんしき》）

5 行動は言葉以上にものを言う

北アメリカの先住民は、儀式によって世界観を表現する。たき火やトーテムポールや太鼓《たいこ》の周囲を踊《おど》りまわるのは、世界が「グレート・スピリット（主神）」を中心とした輪になっていると信じているためだ。

儀式への賛否

儀式に意義はあるのだろうか、それとも時間の無駄《むだ》だろうか？

儀式は集中力を高める

祈りに集中することや、祭礼のもとになった故事に思いをめぐらせることは、必ずしも簡単ではない。しかし儀式《ぎしき》には、集中力を高めたり、記憶《きおく》を新たにしたりする効果がある。それに儀式をおこなえば、頭だけでなく、全身で信仰《しんこう》にかかわれる。

儀式は親しみを感じさせる

儀式では何をすべきかが常に決まっている。それが秩序《ちつじょ》と居心地のよさをもたらす。宗教的なアイデンティティーを再確認することもできる。たとえ母国とは何もかもが違《ちが》う外国に行っても、同じ宗教の儀式はたいてい似かよっている。

儀式なんかいらない！

シーク教徒やバハーイ教徒は、儀式を拒《きょ》絶《ぜつ》する。クエーカーをはじめとするいくつかのキリスト教の教派も同じだ。

シーク教徒は彫像《ちょうぞう》やキャンドルのような儀式用具をもっていない。神以外のものをあがめるべきではないと考えるからだ。

バハーイ教徒は、儀式を何度も繰《く》りかえすうちに、本来の意味が失われると考える。常に同じ儀式をするうちに、個性が奪《うば》われることも懸《け》念《ねん》する。

クエーカーにとって、儀式は聖《せい》霊《れい》にたいしてのじゃまものでしかない。彼らはごく普通《ふつう》の部屋でミーティング（礼拝会）を開く。そこでは何かを感じた人が、自由に立ちあがって、話をする。

祭礼、祝宴《しゅくえん》、そして断食《だんじき》

にぎやかに祝うものから、何日も断食をするものまで、祭礼のかたちは様々だ。どの宗教の暦《こよみ》でも、祭礼は重要なイベントと位置づけられている。

陽気に祝おう！

祭礼のなかには、その宗教の創設に力を尽《つ》くした人びとや、特別なできごとを祝うものがある。

功労者や神々をたたえて

宗教の開祖となった人びとは、その誕生日や命日が、たいてい祭日になっている（その死が殉教《じゅんきょう》などである場合にはなおさらだ）。多神教の宗教では、１年のさまざまな時期に、それぞれ違《ちが》った神々をたたえる祭礼をおこなう。

故事や年中行事を祝って

あらゆるできごとが祭礼の対象になる。世界の創造、弾圧者《だんあつしゃ》に対する勝利、初めての説教……。ほかにも命の誕生を祝う春の祭りや、秋の収穫祭《しゅうかくさい》、冬の灯明祭などがある。

勝利のパレード

シーク教の「ホーラー・モハッラー」は、偉大《いだい》な戦士にして指揮官だったグル・ゴービンド・シングを記念する祭礼だ。この日、シーク教徒は色とりどりの旗をもって街路をパレードし、格闘技《かくとうぎ》の型を見せたり、戦いの教練をしたりする。

命を照らす

色彩《しきさい》豊かな「ディワーリー祭（灯明の祭り）」は、ヒンドゥー教、シーク教、ジャイナ教に共通する祭礼だ。闇《やみ》に対する光、悪に対する善、無知に対する知がたたえられる。

年に１度の無礼講《ぶれいこう》

ヒンドゥー教の「ホーリー祭」は、新年のおとずれを喜び、春の収穫《しゅうかく》を祝うための祭りだ。人びとは色とりどりの粉や水をふりまき、悪ふざけをしかけたり、路上で踊《おど》ったりする。日頃《ひごろ》は厳格なヒンドゥー教徒が、この日だけは羽目をはずし、階級、年齢《ねんれい》、男女の別なく粉や水にまみれる。

たいていの宗教は、独自の暦をもっている。キリスト教が基準にしているのは、わたしたちが日常的に使用しているグレゴリオ暦《れき》（太《たい》陽暦《ようれき》）だ。そのために、たとえばクリスマスは毎年12月25日と決まっている。

太陰暦《たいいんれき》を採用する宗教もある。これは新月から次の新月までの期間を１か月とする暦で、グレゴリオ暦とは年ごとにずれる。たとえばユダヤ暦で「ティシュレーの月」の１日と決まっているユダヤ教の新年は、グレゴリオ暦では９月か10月になる。

静かに祝おう

内省を深めるのための特別な期間と位置づけられた祭礼もある。人びとは過ちのつぐないをしようと、自らの行動を思いかえす。

悔恨《かいこん》と反省のとき

多くの宗教では、１年のうちのある時期を、断《だん》食《じき》のときと定めている。過去の苦難を思いだすためだったり、自制心を見せるためだったりと、目的はまちまちだ。食べ物という現実的な楽しみに背をむければ、精神性を高めるなどの、より重要なことに集中できると考えるのだろう。厳《げん》粛《しゅく》な祭礼のあとには、しばしば祝いの場が用意されている。宗教も辛《つら》いことばかりではないと示すためだ。

新たな年に、新たな生命

ユダヤ教徒は「ローシュ・ハシャナ（新年）」を迎《むか》えても、浮《う》かれ騒《さわ》いだりはしない。前年のおこないを思いかえし、新たな年にも「生命の書」に載《の》せてもらえるよう、神に許しをこうのだ。「生命の書」は10日後の「ヨム・キプール（贖罪《しょくざい》の日）」に閉ざされる。熱心なユダヤ教徒はその日、シナゴーグに出かけ、１日を断食と祈《いの》りについやす。

“甘《あま》き１年”になることを願って、「ローシュ・ハシャナ」には甘い物を食べる。

他の人びとの苦しみを知る

イスラム教徒は、貧しい人びとの苦難を思いおこすために、「ラマダーン（イスラム暦《れき》第９月）」の日の出から日没《にちぼつ》まで断食《だんじき》する。ラマダーンの終わりには「イード・アル・フィトル」という祭礼をおこない、断食中に力をあたえてくれた神に感謝する。

キリストの復活を思いだして

「イースター（復活祭）」は、キリスト教徒の暦《こよみ》のなかでも、最も大切な祭礼だ。それに先立つ40日間の「四旬節《しじゅんせつ》」のあいだ、信者はキリストの苦難をしのび、改しゅんと祈りを捧《ささ》げる。四旬節は「灰の水曜日」から始まり、キリストがはりつけにされた「聖金曜日」に終わる。その翌々日の日曜日は、キリストの復活を祝う日だ。

通過儀礼《ぎれい》

新生児の誕生を祝うものから、死者を悼《いた》むものまで、私たちは人生の段階ごとに、さまざまな宗教儀式《ぎしき》（通過儀礼）を経験する。最も広くおこなわれているのは結婚式《けっこんしき》と葬式《そうしき》だが、通過儀礼にはほかにもたくさんの種類がある。

洗礼：赤ん坊《ぼう》がもって生まれてきた罪を洗いながす。

この世界にようこそ!

新たに生まれた赤ん坊は、その家族だけではなく、宗教的な共同体の新メンバーだ。キリスト教の「洗礼」は、これを祝う儀式のひとつ。多くの信者は赤ん坊のときに洗礼を受けるが、大人になってから受ける場合もある。

共同体に加わる

子どもたちも7歳《さい》前後になれば、信心をもった暮らしを始められる。「シンビュ」は、ミャンマーの上座部仏教徒の少年が、見習い僧《そう》になるときの儀式《ぎしき》だ。ブッダにならって、少年たちは王子のような服装で僧院《そういん》にむかう。そこで髪《かみ》をそり、虚栄心《きょえいしん》を捨てる。

見習い僧になると、華美《かび》な服は着られない。

誕生

名前をつける

宗教指導者と同じ名前をもらう赤ん坊は少なくない。それは敬意の表現であり、立派な人になるようにという願いだ。シーク教の命名式では、子どもたちに聖典の一節にちなんだ名前をつける。

神への登録

ユダヤ人の男児は、生後８日目に「ブリット（割礼《かつれい》の儀式）」を受ける。このとき男児は名前をつけられ、ユダヤ教徒となる。

純潔と清潔

イスラム教徒の少年もまた、割礼をほどこされる。割礼は純潔のしるしになるだけではなく、礼拝には欠かせない清潔な体を保つ効果もある。

グルドワーラーでおこなわれるシーク教の命名式。

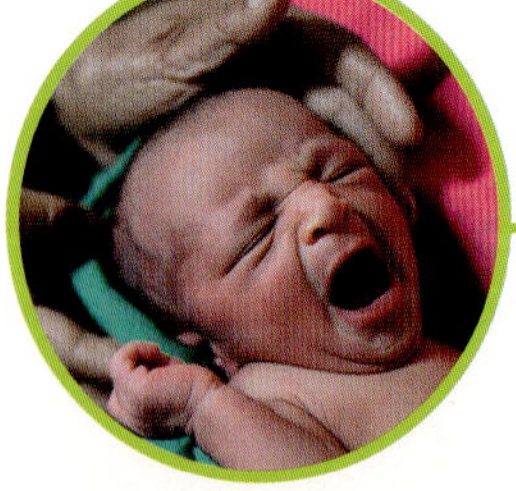

ブリットは共同体をあげての祝いごとだ。

イスラム教徒の割礼は７歳前後におこなわれる。

通過儀礼《ぎれい》を祝うのは、神をたたえること、規範《きはん》にしたがうこと、

喜びを映すヒンドゥー教のカラフルな結婚式

神聖なきずな

結婚式《けっこんしき》は喜びにみちた儀式《ぎしき》だが、本来の目的は真剣《しんけん》そのものだ。結婚は単なる愛の宣言ではなく、神の手で結ばれた神聖なきずななのだ。結婚は子どもの誕生にもつながる。それは宗教が次世代に引き継《つ》がれることを意味している。

土葬《どそう》は、肉体の復活を考えてのことだ。

この世との別れ

ほとんどの宗教は、死を「終点」とは考えず、来世への「通過点」と見なしている。死者の復活を信じるキリスト教徒は、肉体がよみがえるという考えのもとに、遺体を土葬《どそう》する。一方、ヒンドゥー教徒は、魂《たましい》をこの世から解きはなつために、遺体を火葬《かそう》する。遺灰の多くは聖なるガンジス川にまかれる。

ガンジス川

成人　**結婚《けっこん》**　**死**

責任感の芽ばえ

キリスト教の「堅信礼《けんしんれい》」や、ユダヤ教の「バル・ミツバ（男児）／バット・ミツバ（女児）」は、子どもたちが大人になったことを祝う行事だ。彼らはこの日を境に、宗教的責任を負える年齢《ねんれい》になったと見なされる。

「バット・ミツバ」を祝う12歳の少女。

神の御前で

どの宗教でも、結婚式をとりおこなうのは、たいてい宗教指導者の役目だ。新郎新婦《しんろうしんぷ》は、神をはじめとする証人たちのまえで誓《ちか》いをかわし、祝福をうける。

イスラム教徒の結婚式

沈黙《ちんもく》の塔《とう》

ゾロアスター教徒は、遺体《いたい》を土葬《どそう》や火葬《かそう》にすれば、土や火が汚《けが》されると考える。そこで遺体を「沈黙の塔」に野ざらしにし、ハゲワシがついばむにまかせる。

イランの「沈黙の塔」

責任を自覚すること、信仰《しんこう》を公に表明することなどが目的だ。

服装

身につけているものを見るだけで、いくつかの宗教の信者は、簡単に見分けることができる。彼らの服装や、それを着ている理由はさまざま

暑い国では、ヘジャブ（スカーフ）が直射日光をふせぐ役目もする。

「キッパー」をかぶるのは、神への敬意をあらわすためだ。

ターバンは「5つのK」には入っていないが、やはりシーク教徒のシンボルだ。

キルパーン（短剣《たんけん》）は勇気、自制心、しいたげられた者の自衛の象徴《しょうちょう》。

「ツィーツィート」とよばれる紐《ひも》を腰《こし》から下げる。

カラー（腕輪《うでわ》）は不道徳な生活を遠ざけるためのもの。

ヘジャブは……慎《つつし》みのあかし

イスラム教徒の女性は、肌《はだ》か毛髪《もうはつ》を衣服でおおうことが求められている。その美しさを夫や親しい家族以外には見せないという、慎《つつし》みの気持ちをあらわすためだ。このルールの解釈《かいしゃく》は人さまざまで、ニカブと呼ばれるベールで顔と全身をすっぽりおおう女性もいれば、体と髪《かみ》をかくすだけの女性もいる。

ニカブをまとえば、男性の視線を避《さ》けられる。

房飾《ふさかざ》りは……戒律《かいりつ》の心覚え

ユダヤ教の聖書によれば、神はユダヤ人に対し、「衣服の四隅《よすみ》に房《ふさ》をつけ、それを見て神の戒《いまし》めを思いだすように」と命じている（聖書の時代には、四角形の布をまとうのが一般的《いっぱんてき》だったのだ）。今日でも信心深い男性は、四隅に房飾りのついた「タリット・カーターン」と呼ばれる肩掛《かたか》けを、シャツの下に着る。

午前中の礼拝では、大型の「タリット」を着る。

「5つのK」は……帰属のあかし

シーク教徒の共同体「カールサー」に入った者は、「5つのK」のすべてを身につける。それ以外のシーク教徒が、そのうちのいくつかを持つこともある。
・ケーシュー（伸《の》ばした髪《かみ》）：神の意志の象徴《しょうちょう》　・カンガー（くし）：髪を清潔に保つため、毎日2回とかす　・カッチャー（ズボン下）：欲望を自制するしるし　・キルパーン（短剣《たんけん》）　・カラー（鋼鉄の腕輪《うでわ》）

女性はターバンのかわりにスカーフをかぶることが多い。

だが、共通するのは、その服装が自分の宗教への帰属意識をあらわしているということだ。おかげで信者たちは、簡単に仲間を見つけたり、共同体を作ったりすることができる。

黄色は俗世間《ぞくせけん》から離《はな》れたことを象徴する色だ。木々の葉も、秋には黄色くなって散る。

アーミッシュの女性は長い髪《かみ》をボンネット帽《ぼう》でおおう。

他人の注意を引かないよう、暗い色を身につけることが多い。

男女の別なく、眉《まゆ》のあいだにティラクをつける。

衣《ころも》は……世を捨てたあかし

仏教の修行僧《しゅぎょうそう》は、男女を問わず、簡単な衣をまとっている。これは雑念にしばられない、簡素な暮らしぶりの象徴《しょうちょう》だ。衣の色は宗派によって違《ちが》い、主としてその地域でどんな染料が手に入るかによって決まる。チベット仏教ではえび茶色、禅宗《ぜんしゅう》では黒、上座部仏教ではオレンジ色か黄色だ。

修行僧や尼僧《にそう》は、どの宗教でも長いローブを着ている。

簡素な衣服は……謙虚《けんきょ》さのあかし

アーミッシュは厳格なプロテスタント系キリスト教徒だ。彼らの服装《ふくそう》は、教会の不文律で定められている。謙虚さを象徴する彼らの衣類には、一切の装飾《そうしょく》はもちろん、ポケットやカラーやボタンもない。アーミッシュにとって服装は重要なものではなく、流行を追うことは時間と金の無駄《むだ》にすぎないのだ。彼らが重視するのは、善良で慎《つつ》ましい生活をおくることだ。

アーミッシュはベルトや手袋《てぶくろ》、ネクタイやジャンパーも身につけない。

ティラクは……神聖なマーク

ヒンドゥー教徒が額につける装飾《そうしょく》「ティラク」は、霊的《れいてき》な目がひらく場所を示している。彼らはそれぞれの信仰《しんこう》に応じて、ビャクダンのペーストや、クムクムと呼ばれる赤いパウダーを塗《ぬ》る。ヒンドゥー教徒の女性といえば、すぐにサリーが思いうかぶが、インド全域で着用されるこの伝統のドレスに、特に宗教的な意味はない。

ティラクはヒンドゥー教徒に、宗教面での日々の目標を思いださせる。

毛《もう》髪《はつ》とひげ

人は髪型《かみがた》によって何かを伝えることができる。自らの信仰《しんこう》を表明することもだ。

切るべきか…

ぼくは「ウパナヤナ」で生まれかわり、一人前の大人になるんだ。毎日の礼拝で使う聖紐《せいちゅう》を授けられるんだよ。
聖紐《せいちゅう》

信心のため

「ウパナヤナ（入門式）」と呼ばれる通過儀礼《ぎれい》のはじめに、ヒンドゥー教徒の少年は、聖職者の手で髪をそられる。神に身をささげる新たな生活が始まることの象徴《しょうちょう》だ。

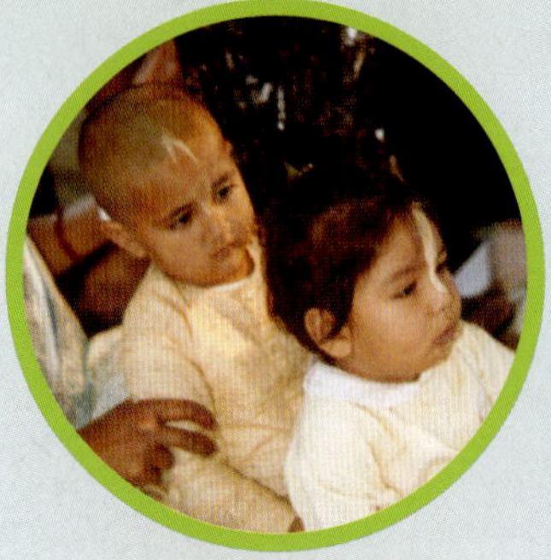

浄化《じょうか》のため

子どもが1～2歳《さい》になると、ヒンドゥー教徒は「ムンダン」と呼ばれる祝いをもよおし、初めての散髪《さんぱつ》をする。これは子どもを浄化《じょうか》し、美を神にささげる行為《こうい》だと考えられている。両親は、わが子が長く、豊かに生きられるよう祈る。

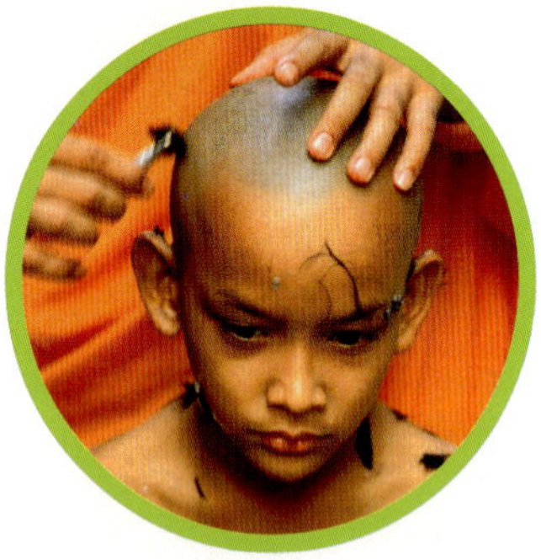

俗世間《ぞくせけん》との縁《えん》を断つため

ブッダは世俗から離《はな》れるとき、その象徴《しょうちょう》として頭を丸めた。仏教僧もまた、ブッダにならって髪をそる。初めての剃髪《ていはつ》は、親元を離《はな》れた少年たちが、僧院《そういん》に入るときにおこなわれる。

服従のため

メッカに巡礼《じゅんれい》するイスラム教徒の男性は、神のしもべであることを明らかにするために、髪をそる。女性も髪を切るが、剃髪《ていはつ》まではしない。

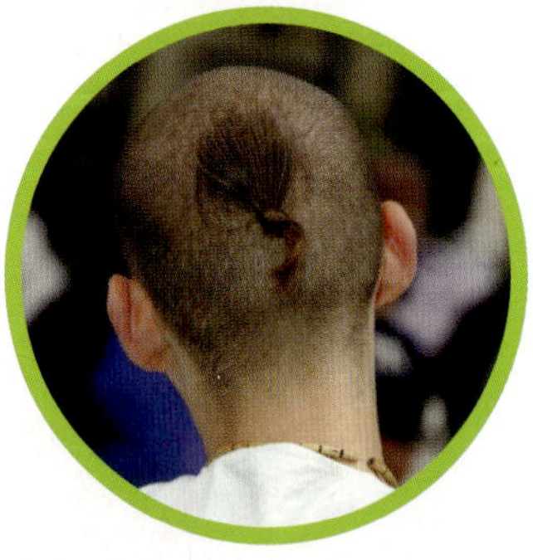

少し残して

クリシュナ意識国際協会（ハレー・クリシュナ運動）の信者は、髪をそるものの、一部を房状《ふさじょう》に残す。これは記憶《きおく》をつかさどる脳の領域を保護するためだと言われている。

その人の髪《かみ》の手入れを見ただけで、ある宗教の信者だとわかる場合がある。たとえばシーク教徒は散髪《さんぱつ》をしない。神が創造したものに手を加えてはならないと考えるからだ。一方、ヒンドゥー教徒は、神々に身を捧《ささ》げることを示すために、特別な儀式《ぎしき》をおこない、髪をそる。

…切らざるべきか

ムハンマドにならって

熱心なイスラム教徒の男性は、預言者ムハンマドにならって、体毛を伸《の》ばす。あごひげや口ひげをたくわえ、はさみやくしで手入れしたりもする。女性は髪《かみ》を長く伸ばすこと、そして人前ではそれを覆《おお》いかくすことを求められる。

もみあげの毛を伸ばしていることがわかるように、ほかの部分の髪は短くしてるんだ。

あるがままが一番

シーク教徒は髪を一切、切らない。伸ばした髪は「カンガー」と呼ばれる小さなくしで、毎日２回ずつとかす。男性は髪を小さく結び、ターバンで包む。

虚飾《きょしょく》に背をむけて

アーミッシュの不文律《ふぶんりつ》では、既婚《きこん》の男性はあごひげを伸ばさなければならない。逆に虚栄《きょえい》のしるしとされる口ひげは生やせない。女性は髪を切ることがゆるされず、それを結んで、白か黒の帽子《ぼうし》で隠《かく》さなければならない。

神への服従

正統派ユダヤ教徒の男性は、もみあげを長く伸ばす。トーラー（律法《りっぽう》）に、「びんの毛をそり落としてはならない」と記されているからだ。やはりトーラーにしたがい、多くの男性があごひげを伸ばしている。

神を恐《おそ》れて

ラスタ主義者は、コイル状にもつれた髪《かみ》を、伸《の》ばしっぱなしにしているのが特徴《とくちょう》だ。ドレッドロックと呼ばれるこの髪型《かみがた》は、神を恐《おそ》れて生きることを象徴《しょうちょう》するもの。洗髪《せんぱつ》にはきれいな水だけを使う。

食べ物

大多数の宗教には、多かれ少なかれ、食べ物にかんするルールがある。食べていいのは何か、何を避《さ》けるべきか、食材をどのように準備すべきかといったようなことだ。こうしたルールは、基本的には合理的な食生活を送ることや、食の安全を守ることを目的につくられているが、同時に宗教的な意味を含《ふく》んでもいる。

厳格《げんかく》な「コーシャー」

トーラー（律法）にもとづくユダヤ教の食のルールは、とても複雑だ。食べてもよい食べ物は「コーシャー」と呼ばれるが、これは本来、「適正」を意味するヘブライ語から来ている。コーシャーでない動物のなかにはブタや甲殻《こうかく》類、猛禽《もうきん》類、昆虫《こんちゅう》などが含まれる。そうした動物から加工された食品（ゼラチンなど）も、コーシャーとは見なされない。コーシャーの動物であっても、血液はすべて抜《ぬ》かなければならない。

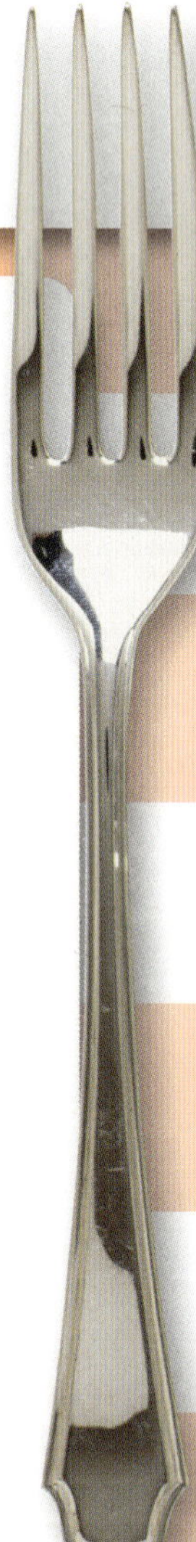

コーシャーのチェックリスト

- ✓ウシやヒツジのように、ひづめが割れていて、しかも反芻《はんすう》をおこなう動物の肉はOK。
- ✓食べてはならないとトーラーに列挙されたタカやダチョウなどの鳥の肉はNG。ニワトリやアヒルはトーラーに書かれていないのでOK。
- ✓タラやマスのように、ヒレとウロコをもった魚はOK。甲殻類《こうかくるい》や貝類、ウロコのない水生動物はNG。
- ✓ミルクや乳製品は、コーシャーの動物（ウシやヤギなど）からとれたもののみOK。
- ✓お菓子や加工食品をつくる場合でも、コーシャーでない動物からとられた食材を入れてはならない。
- ✓肉と乳製品を一緒《いっしょ》に料理したり、食べたりしてはならない。

食べ物のルールには、聖典を根拠《こんきょ》にしているものが多い。同じルールを守
甲殻類《こうかくるい》は、ユダヤ教徒もイスラム教徒も食べない。
魚はキリストの犠牲《ぎせい》の象徴《しょうちょう》。
ヒンドゥー教徒とジャイナ教徒には菜食主義者が多い。
ここにあげたのは、ほんの一例だ。

コーシャーの動物や鳥は、殺し方も決められている。動物の苦しみを最小限におさえ、できる限りの血を抜《ぬ》くために考えだされた方法だ。

飲酒のルール

バハーイ教徒の飲食のルールはただひとつ、酒を飲まないことだ。飲酒はイスラム教でも禁じられている。ラスタ主義者は酒もコーヒーもミルクも飲まない。

ことで、信者のあいだには連帯感が生まれる。
ベーコンは、コーシャーでもハラールでもない。
ニンジンを掘《ほ》れば、虫を傷つけるかもしれない。
ラスタ主義者は、食べ物をできるかぎり生で食べる。

菜食主義と非暴力

ヒンドゥー教徒の多くは菜食主義者だ。「アヒンサー（不殺生）」を主義とする彼らは、食用の動物も殺したがらない。とりわけ牛肉は一切、食べない。なぜならウシは生命の象徴《しょうちょう》として、神聖視されているからだ。ただし乳製品はタブーではなく、彼らの食材のひとつになっている。ジャイナ教徒の菜食主義は、さらに徹底的《てっていてき》だ。収穫《しゅうかく》するときに地中の虫を殺すかもしれないからと、ニンジンなどの根菜すらも食べない。彼らはトマトなどの、血の色をした食べ物も避《さ》ける。

「ハラール」と「ハラーム」

イスラム法で許された食べ物は「ハラール」と呼ばれる。ハラールの動物は草食動物にかぎられる。自然死した動物はハラールではなく、「アッラーの御《み》名《な》において」と唱えながら、苦しみが最小限になる方法で殺した動物だけがハラールとなる。一方、禁じられた食べ物は「ハラーム」と呼ばれる。ブタ、猛禽類《もうきんるい》、肉食動物などの肉や、その加工品はハラームだ。

金曜日は魚の日

キリスト教の初期の時代には、水曜日と金曜日に断食をすることが一般的《いっぱんてき》だった。「灰の水曜日」と「聖金曜日」を思いおこすためだ。たいていは、ぜいたく品だった肉をひかえた（誰《だれ》もが湖でとれる魚は、貧者の食べ物とされていた）。現在でも、肉を断つことは改しゅんのしるしとされている。またカトリック教徒のあいだでは、金曜日に魚を食べる習慣がよく見られる。

純粋《じゅんすい》な食べ物

ラスタ主義者は「アイタル」と呼ばれる食のルールをもっている。アイタルと認められるのは天然の食品だけで、

加工食品や缶詰《かんづめ》は含《ふく》まれない。しかも彼らは、可能なかぎり、食材を生のまま食べる。ラスタ主義者の多くがベジタリアンなのは、それと無関係ではないだろう。アイタルのなかには、豚肉《ぶたにく》を食べないなどの、旧約聖書に由来するルールも含まれている。

世を捨てる

家族や住みなれた家からはなれ、テレビも、ごちそうもない場所

“世を捨てる”には、主に3つの方法がある。

1 孤独《こどく》を求める

これには精神的な手段（瞑想《めいそう》）と、物理的な手段（隠遁《いんとん》）がある。

瞑想《めいそう》

瞑想は多くの宗教に取りいれられている。鍛練《たんれん》を積めば、肉体は意識から消え、精神にのみ意識が集中する。瞑想は知恵《ちえ》や自己認識、洞察力《どうさつりょく》を高める効果がある。

祈《いの》りのための隠遁《いんとん》

キリスト教の修行僧《しゅぎょうそう》や尼僧《にそう》のなかには、あわただしい暮らしから離《はな》れ、祈りにだけ集中したいと考える人びとがいる。彼らは世俗《せぞく》とのかかわりを断った修道会に所属し、修道院のなかだけで暮らす。

2 物質的な楽しみに背をむける

肉体的な欲求があるかぎり、神や、本当の自分や、真理にはちかづけないと考える人びとがいる。彼らはそうした欲求を抑《おさ》えこむために、放浪《ほうろう》の旅に出たり、禁欲したり、服を着るのをやめたりする。

托鉢遊行《たくはつゆぎょう》

ヒンドゥー教徒の人生の第４段階を遊行期《ゆぎょうき》という。この年代になった人びとは、清貧と純潔の誓《ちか》いをたて、ほとんど所持品をもたずに旅にでる。そして、施《ほどこ》された食べ物だけで命をつなぐ。彼らは神だけを心におき、人生や家族は完全に捨てる。この世では死んだも同然だということを示すために、自分の葬《そう》式《しき》を出す人もいる。

托鉢《たくはつ》ができるのは、50歳《さい》以上の人か修《しゅ》行僧《ぎょうそう》だけだ。

修行にうちこむ僧《そう》や尼僧《にそう》は、数多くの宗教で見られる。彼らは俗世間《ぞくせけん》とのかかわりを断ち、禁欲的《きんよくてき》に生きている。そうした克己心《こっきしん》や自制心が、彼らの精神性を深め、神や人生の真理へと近づけるのだ。

で暮らすことを想像してみよう。

3 苦しみに耐《た》える

何かを我慢《がまん》することや、眠《ねむ》らずに過ごすこと、痛い思いをすることで、苦行をおこなおうとする人びともいる。彼らは徹夜《てつや》の行《ぎょう》をおこない、一晩じゅう祈《いの》ったり、瞑想《めいそう》したりする。こうした行は、イースターなどの祭礼の前夜をはじめ、本人が必要だと感じたときにはいつでも実行される。

すべてを捨てる

ジャイナ教の修行増は「五つの大誓戒《だいせいかい》」を守らなければならない。性的行為《こうい》をしないこと、嘘《うそ》をつかないこと、何も所有しないこと、盗《ぬす》みをしないこと、生き物を傷つけないことがそれだ。「裸行派《らぎょうは》」と呼ばれる宗派の男性僧《そう》は、慎《つつし》みや羞恥心《しゅうちしん》を超越《ちょうえつ》したあかしとして、衣服さえも着ない。

世を捨てない人びと

苦行に批判的

ユダヤ教：「神は人間の安楽を望む」と考えるので、苦行はおこなわない。タルムードによれば、合法的な楽しみを放棄《ほうき》した者は、むしろその弁解を求められる。

シーク教：苦行は魂《たましい》の成長には役立たないと考える。

ゾロアスター教：善なる言動や考えをつうじて積極的に世間と関わっていくべきだ、と信じられているため、隠遁は許されない。

ほどほどが一番

苦行者は敬いつつも…

ジャイナ教と同様、仏教でも苦行は価値あるものと見なされる。在家の仏教徒は、出家した僧《そう》や尼僧《にそう》の生活をささえている。しかしブッダは、極端《きょくたん》な苦行は勧《すす》めなかった。そのため仏教僧は、苦行主義にも快楽主義にも走らない、「中道」を歩んでいる。

禅《ぜん》の道

禅宗《ぜんしゅう》の苦行はそれほど厳しいものではなく、期間も短い。たとえば禁欲や、午後だけの断食、睡眠《すいみん》時間の短縮などが実行される。これにより、座禅《ざぜん》を組んだときの集中力が高まるという。

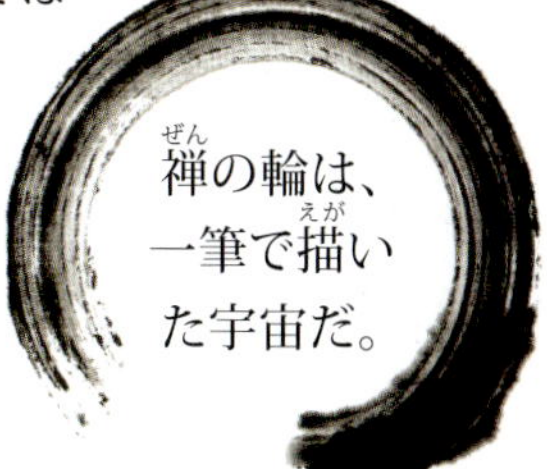
禅《ぜん》の輪は、
一筆で描《えが》い
た宇宙だ。

苦行は是《ぜ》か非か？

古代ギリシアの哲学者《てつがくしゃ》であるプラトンの思想は、初期のキリスト教徒に修道生活をうながした。しかし後世のプロテスタントは、修道生活を拒絶《きょぜつ》した。

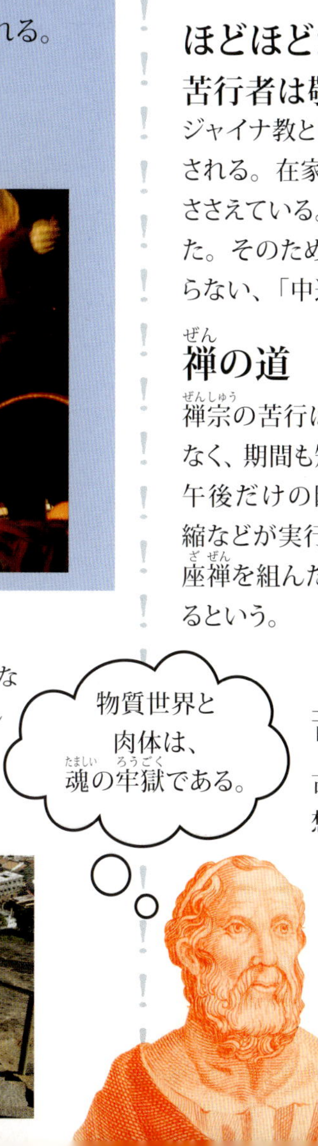
物質世界と
肉体は、
魂の牢獄《ろうごく》である。

プラトン
（紀元前427年～347年）

人生の意味とは何か？
これらの「答え」
道徳とは何か？
「答え」を探して

科学とは何か？

を探してみよう

神とは何か？

人は何のために生きるのか？

これは人類にとって最大の難問だ。人生の意味を探るにはどの宗教が向いているのかという問題にもつながる。

哲学者《てつがくしゃ》たちも、様々な面から人生の意味を考えてきた。その答えは宗教の教えと一致《いっち》することもあれば、食いちがうこともあった。さて……

神とは何か？
科学とは何か？
道徳とは何か？
世界にはなぜこれほど多くの苦しみがあるのか？

この章では、これらの答えを探ってみよう。

宗教と哲《てつ》学《がく》

人類の歴史を通じ、哲学はほとんどの宗教の要《かなめ》だった。
「神とは何か」「なぜ世界は苦しみに満ちているのか」といった大問題に、

宗教の一部としての哲学から・・・

哲学はかつて、宗教的な教えを掘《ほ》りさげたり、解説したりするために使われる道具にすぎなかった。哲学は独立した学問とは見なされず、教会や聖典に比べて地位が低かった。

・・・宗教から独立した哲学へ

17世紀後半、西洋で啓蒙《けいもう》運動が起こると、哲学は独自の権威《けんい》を獲得《かくとく》した。人びとは、哲学が特定の宗教観にしばられたものではなく、中立的なものであるべきだと考えるようになった。ある宗教の教えが――ひいてはその宗教自体が――正しいかどうかを検証するのが、哲学の役割となった。

哲学は
神学の
侍女《じじょ》である

トマス・アクィナス（1225 ～ 1274年、イタリア）
ローマ・カトリック教会の聖職者・神学者。「神に形はない。神は完璧《かんぺき》・無限・不変である。神の存在は、神の本質の一部である」と説いた。

どちらがよりよい道かは、今日でも意見が割れている。

古典的な哲学論争

西洋の宗教哲学は、神が存在するかどうかに大きな関心をよせる。「世界の複雑さが神の存在を物語っている」とするのが、いわゆるインテリジェ

神が「設計」した世界

1
そりゃ、石ぐらいあるさ。
何も不思議なことはない。
荒野《こうや》を歩いているときに、2つの石を見つけた。
2
これは妙《みょう》だ。誰《だれ》かがここに石を積んだに違いない。
さらに歩いていくと、石が山積みになっていた。
3
誰《だれ》かがこれを作ったんだ。歯車やバネが自然に組みあわさって、たまたま時計になるはずがない。
12
9
3
6
次は時計が落ちていた。

?

哲学は取り組んできた。

西洋
東洋
神とは何か?
善とは何か?

西洋vs東洋

哲学は数多くの宗教を研究対象にしている。そして、それぞれの宗教ごとに哲学の意味するものは違《ちが》う。たとえば西洋の哲学では、神とは何かといった形而《けいじ》上学《じょうがく》的な（＊）問題をよく議論するが、中国の哲学は、そうした問題にはほとんど関心をはらわない。

東洋の哲学は、儒教《じゅきょう》や道教などの中国思想から、仏教、ヒンドゥー教、ジャイナ教と、あつかう対象がかなり広い。重視されるのは、自己を知り、善とは何かを理解することだ。

＊形而上《けいじじょう》とは「物質を超越《ちょうえつ》した」という意味だ。形而上学は哲学の一分野で、「ものごとの本質とは何か?」「世界の存在意義とは何か?」「人間は単なる原子のかたまりなのか、それともそれ以上のものなのか?」といった問題を取りあつかう。

ント・デザイン論だ。この理論は、神を時計職人のようなものと考える。

哲学を利用して宗教をほりさげる

宗教界の思想家や教育者のなかには、哲学を効果的に利用した人びとが数多くいる。その伝統はいまも続いている。

シャンカラ

（8世紀、インド）
ヒンドゥー教の苦行者・哲学者。聖典『ベーダ』を根拠《こんきょ》に、「個人などというものはなく、すべての魂《たましい》はブラフマンの一部である」と説いた。

アブー・ハーミド・アル・ガザーリー

（1055～1111年、イラン）
イスラム教スンニー派の神学者・神秘思想家。イスラム教に対するギリシア哲学の影響をはねつけ、「聖典の啓示《けいじ》に証明は必要ない。啓示には超越《ちょうえつ》した権威《けんい》がある」と説いた。

モーセス・マイモニデス

（1135～1204年、スペイン／エジプト）　ユダヤ教のラビ・医師・哲学者。彼がまとめた14巻の『ミシュネー・トーラー』（ユダヤ法の集成）と、『迷える者たちの道案内』は、現在でもユダヤ法や倫《りん》理の指針と見なされている。

ジョン・ヒック

（1922年～、イギリス）
現代の宗教哲学者のなかでも有数の影響力《えいきょうりょく》をもつ人物。「どの宗教もほかの宗教と同じ程度に正しく、すべてが救済というゴールに向かう道だ」とする宗教多元論を提唱した。

4
わかったぞ!
世界は時計よりずっと複雑だ。誰かが設計したに違《ちが》いない。ということは設計者がいる。それが神だ。
5
いや、そんなはずはない。
ぜったいそうだってば。
納得しない哲学者もいる。
6
設計者なしにこの複雑な世界ができたというのは、こぼれたインクのシミが偶然《ぐうぜん》、筋の通った文章になったというようなものだよ。
論争はいまも続いている。

究極の真理

人生の意味とは何だろう？　なぜわたしたちは生まれてきたのだろう？　宗教はこう答える。わたしたちは「究極の真理」を探すために生きているのだと。

すべての虚飾《きょしょく》をはぎ取れば、存在の核心《かくしん》にあるもの、わたしたちに目標を与えてくれるもの、人生の本当の現実と呼べるものが見えてくる。それが「究極の真理」だ。その意味するものは、たとえば……

「究極の真理」の例

仏教の考え方からすれば、この世は苦難にみちた幻想《げんそう》にすぎない。究極の真理とは、悟《さと》りを開くことによってそこから抜《ぬ》けだし、涅槃《ねはん》に至ることだ。

一神教の宗教にあっては、究極の真理とは神のことだ。神は万物を創造し、生命を与える至高の存在。天国に昇《のぼ》るなどしてその神に近づくことが、信者にとっての救済となる。

これで究極の真理とは
何かが理解できた……

でも「究極の真理」って何なの？

人びとに
生命と魂《たましい》を
与える力

わたしたちが
生まれて
きたわけ

たとえば「悟《さと》り」や
「救済」のように、
ぼくたちに訪れる
何らかのできごとや、
到達《とうたつ》する状態を
意味する場合
もある

ヒンドゥー教の究極の真理はブラフマン（人格をもたない宇宙の原理）だ。輪廻《りんね》のサイクルを抜《ぬ》けだし、ブラフマンとひとつになることが、ヒンドゥー教徒にとっての救済となる。

一方、無神論者は、この世が存在のすべてであり、その事実こそが究極の真理だと信じている。

……とも言えないか。 人類は地球上で最も知能の高い動物だが、それでも知性には限界がある。わたしたちは自分が体験したことしか理解できないし、言葉を使わないことには何も言いあらわすことができない。ところが究極の真理は、言葉では言いあらわせないほど偉大《いだい》なもの、わたしたちの理解が及ばないほど複雑なものと考えられている。宗教はその究極の真理を、わたしたちにも受けいれやすい形で示そうとしてはいる。しかしそれは、大きな全体像の一部にすぎないのかもしれない。

神とは何か？

この本では、これまでに何度となく「神」について触《ふ》れてきた。しかし、それは誰《だれ》をさしているのだろうか。神はどんな外見をしているのだろうか？

白いひげを生やした老人？

わたしたちは機械に名前をつけたり、自分の車に話しかけたりする。人間ではないものを人間のように扱《あつか》えば、自然と親近感が増す。それと同じで、神をより身近に感じたい人びとは、神を人間のような姿でイメージする。たいていは、あごひげをたくわえた老人の姿だ（そのパワーは本当の老人よりずっと強大だが）。

しかし神はそういうものではない。

神は人ではない。生き物でさえない。「神」というのは、世界をつくりだし、保っている霊的《れいてき》・超《ちょう》自然的な存在にたいする呼び名だ。

言葉の限界

神は無限であり、人間の限られた理解力や描写力では、とても神をとらえきることはできない。それでも人間は、持てる言葉をつかって神を語るしかなく、そこにいささかの不便が生じる。人間の言葉では、神がどのような存在かや、神に何ができるかを、正しく言いあらわすことができないのだ。たとえば神を「父」と呼ぶとき、わたしたちは神が本当の父親だと言いたいのではなく、親のように愛情深いということを言おうとしている。

神の特質

一神教の宗教では、神は次のような特質を持つとされている。

1 単一性：神はひとつである。
これにはいくつかの意味が含《ふく》まれている。

唯一《ゆいいつ》性	永遠性	自立性
大勢のなかのひとつではなく唯一無二。並びたつものは存在しない。	これまで常に存在したし、今後もずっと存在する。神には始まりも終わりもない。	神は人をつくる。しかし神をつくったものはいない。

偏在《へんざい》性：神は常に身のまわりにいる。
神はいつでも、どんな場所にでもいる。神は超《ちょう》越《えつ》的（宇宙や時間を超越している）であると同時に、内在的（わたしたちの内側にいる）でもある。

全知性：神はすべてを見ている。すべてを知っている。
神は世界をつくった。だからこの世界で起きていることは、すべて知っている。それぞれの人間がある状況でどんな行動をとるかも、神は全部お見通しだ。

全能性：神は全能である。
神にできないことはない。

神はいったい誰《だれ》のもの？

一神教

自分たちの神以外に、神は存在しないと考える。シーク教徒とバハーイ教徒の場合は、すべての宗教が同じ神をあがめているのだと信じている。宗教の違いは、神に近づく経路の違いにすぎないのだと。

多神教

ヒンドゥー教にはたくさんの神々がいるが、一方で、多くの信者はブラフマンという至高の力の存在を信じている。そのさまざまな側面が、神々の姿をとってあらわれるのだ。

神をもたない宗教

仏教徒の大半は神（々）への信仰《しんこう》を持っていない。ただし大乗仏教の信者のなかには、如来《にょらい》や菩薩《ぼさつ》といったこの世を超越《ちょうえつ》した存在をあがめる人びともいる。如来や菩薩は極楽にいて、信者の悟《さと》りを助けると考えられている。

神は本当にいるの？

哲学者は何世紀も前からこのことを議論してきた。唯一《ゆいいつ》わかったのは、神を信じない人びとに神の存在を証明するのは不可能だということだった。一方、神を信じる人びとにとっては、神の存在は自明のことだ。

神はどんな外見をしているの？

誰《だれ》にもわからない。聖書のなかで、神はモーセに「わたしの顔を見た人は、生きていることはできない」と告げている。コーランには「神に似たものは何もない」とある。

神は男性なの、女性なの？

どちらでもない。神は体をもたないので、男性か女性かを論じても意味がない。神を「彼」と呼ぶのは、ひとつには便利だからであり、また「あれ」と呼ぶよりも親しみがわくからだ。

太郎？　神の名前は何？　花子？

聖書のなかで、モーセは神にそれをたずねている（出エジプト記：第３章第13節）。神はこう答えた。「わたしはあるという者だ」。この謎《なぞ》めいた答えは、「神は定義になじまない」という意味に受けとめられている。神のことは、神の行動によって知るしかないのだ。

だったら、どうやって神のことを知ればいいの？

聖典を読もう。キリスト教徒は、神の子であるイエス・キリストの言葉こそが神に近づく道だと信じている。ユダヤ教徒はトーラー（律法）に、またイスラム教徒はコーランに、神の意志が示されていると信じている。シーク教のムール・マントラには、「グルの恵《めぐ》みによって、人は神を知る」とある。

神の別名

神を信じる宗教では、神のさまざまな特徴《とくちょう》をあらわした、数多くの名称《めいしょう》や称号《しょうごう》が使われる。その一例を紹介《しょうかい》しよう。

◆イスラム教
- アルラーマン（あわれみ深きもの）
- アルラーヒム（慈悲《じひ》深きもの）
- アルマリク（絶対の統治者）
- アッラー（神をあらわす一般的《いっぱんてき》なアラビア語。キリスト教とユダヤ教の一部の教派も、この言葉を使う）

◆キリスト教
- 父
- 王（または「王のなかの王」）
- 審判者《しんぱんしゃ》
- エホバ
- 全能者

◆ユダヤ教
- アドナイ（わが主）
- エル・シャダイ（全能の神）
- ハッシェム（「御名《みな》」という意味。普段《ふだん》の会話では神をこう呼ぶ。）

◆シーク教
- ワーヘ・グル（すばらしい教師）
- アカル・プラク（永遠なる者）
- サトナーム（真の名／永遠の真理）
- イク・オンカール（唯一《ゆいいつ》の創造者）

◆ゾロアスター教
- アフラ・マズダ（賢《かしこ》い主）

◆ヒンドゥー教（ブラフマンの別名）
- イシュバラ（主）
- バガバン（めでたき者）
- パラメシュワラ（至高の主）

すべての宗教が正しい

究極

およそ宗教というものは、人びとに正しい教えを授けると主張する。「人はなぜ生きるのか」「どのようにふるまうべきなのか」「死んだらどうなるのか」といった疑問に答えるという。しかし宗教の教えはそれぞれに違《ちが》っているし、なかには互いに矛盾《むじゅん》するもの もある（*）。すべてが正しいなどということがありえるのだろうか？

近代の悩《なや》み

自分の信じる宗教が正しいかどうか知りたいなどというのは、たかだか２～３世紀前に生まれた悩みだ。世界宗教は何千年もまえにそれぞれ別個に発達したので、違《ちが》う土地には違う教えがあるなどと、かつての信者たちは思いもしなかった。現在でも、どの宗教を信じるかは、生まれた土地によって大きく左右される。インドで生まれればヒンドゥー教徒になる可能性が高いし、アメリカで生まれればキリスト教徒になる可能性が高い。

＊たとえばキリスト教では、イエス・キリストをつうじて、神が人間の肉体をもったと考える。しかしイスラム教では、それは神への冒《ぼう》とくだ。

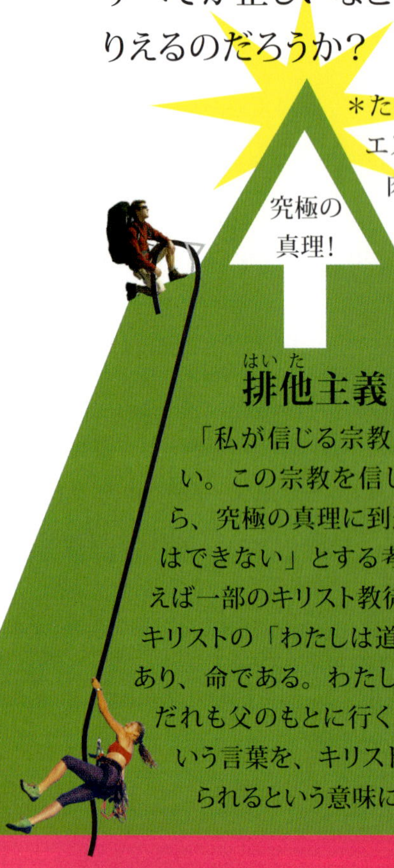

正しいのは誰《だれ》？

宗教によって食いちがう「真理」。この問題には、３つの異なる対処法がある。

排他《はいた》主義

「私が信じる宗教は正しい。この宗教を信じないなら、究極の真理に到達することはできない」とする考え方。たとえば一部のキリスト教徒は、イエス・キリストの「わたしは道であり、真理であり、命である。わたしを通らなければ、だれも父のもとに行くことができない」という言葉を、キリスト教徒だけが救済を得られるという意味に受けとっている。

包括《ほうかつ》主義

「私が信じる宗教は正しい。しかしこの宗教を信じなくても、究極の真理を見いだすことができないわけではない」とする考え方。ヒンドゥー教、シーク教、仏教、ユダヤ教は、おおむね包括主義だ。たとえばユダヤ教徒は、非ユダヤ教徒であっても、一定の道徳規範を守れば「来たるべき世界」に行けると考える。

多元《たげん》主義

「違《ちが》いはあっても、すべての宗教は正しい」とする考え方。哲学者《てつがくしゃ》のジョン・ヒックによれば、そうした違いは地域ごとの文化や伝統から生じるもの。それらが宗教的教えという“背骨”を取りまき、それぞれに異なる“肉体”をつくる。多元主義をとるバハーイ教徒は、「それぞれの宗教は神から人に与えられた同一のメッセージの、異なる章をあらわしたものにすぎない」と見る。そして、すべての宗教が同じ神につうじていると信じている。

ゾウにさわる：宗教多元主義のたとえ話

ヒンドゥー教、仏教、ジャイナ教などのインド起源の宗教は、次のような寓話《ぐうわ》で宗教というものを説明している。ゾウがどんなものかを知ろうとした６人の盲《もう》人《じん》の話だ。

１人目の盲人《もうじん》はゾウの横腹をさわり、「ゾウは壁《かべ》のようだ」と言った。

２人目はゾウの牙《きば》をさわり、「ゾウは槍《やり》のようだ」と言った。

３人目は鼻をさわり、「ゾウはヘビのようだ」と言った。

はずはない!?

真理!

山頂を目指して

イギリスの宗教哲学者《てつがくしゃ》ジョン・ヒック（1922－）は、宗教多元主義を山登りにたとえた。ルートはたくさんあるが、どれも同じ山頂（究極の真理）に行きつくというわけだ。山頂は一見、違《ちが》って見えるかもしれない（たとえば仏教の山頂は涅槃《ねはん》であり、キリスト教のそれは天国での救済だ）。しかしそれは、山頂がそれぞれの人の理解に応じた姿を見せるからにすぎない。

ただし……

「すべての宗教が同じ究極の真理に到達する」という考え方に、誰もが同意しているわけではない。

我が道以外に道はなし

どの世界宗教にも、自分たちの宗教だけが正しいのだと信じて疑わない人びとがいる。

道が違《ちが》えば目的地も違う

現代の神学者のジョン・バウカーは、「究極の真理」を言葉で説明することができない以上、宗教ごとにその意味が違っていても不思議はないと指摘《してき》した。すべての道がニューヨークに続いているのではないのと同じように。

結論は保留

「自分の信じる宗教は正しいが、ほかの宗教のことはわからない」と考える人びともいる。彼らは他人の宗教が正しいのかどうかを判断しない。なぜなら、それは神にしかわからないからだ。

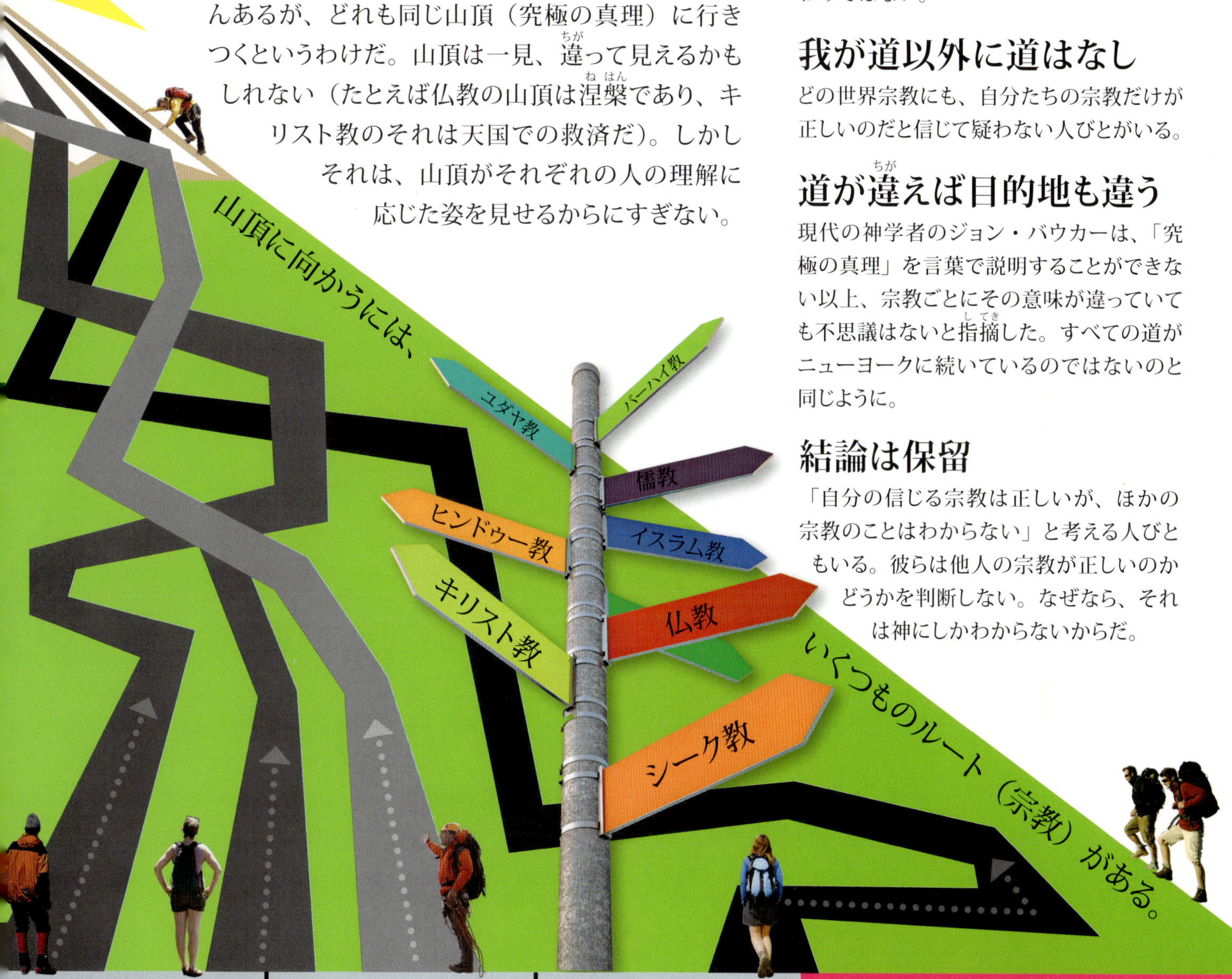
山頂に向かうには、
いくつものルート（宗教）がある。
ユダヤ教
バーハイ教
儒教
ヒンドゥー教
イスラム教
キリスト教
仏教
シーク教

4人目は脚をさわり、「ゾウは木のようだ」と言った。

5人目は耳をさわり、「ゾウは扇のようだ」と言った。

6人目は尾をさわり、「ゾウはロープのようだ」と言った。

この寓話《ぐうわ》の教訓は……

それぞれの盲人が、自ら体験し、理解したことしか語っていないということだ。全員が間違《まちが》ってはいないが、全体像をとらえてもいない。「究極の真理」についても同じことが言える。ほかの宗教が違うもののことを語っているように思えても、それは同じものの別の面を語っているだけなのかもしれないのだ。

宗教は平和を説いているのに、

あらゆる宗教が、次のような“黄金律”を説いている。「自分を愛するように、隣人《りんじん》を愛しなさい」

シーク教
わたしは誰《だれ》にとっても他人ではない。誰もがわたしにとって他人ではない。事実、わたしはすべての人の友人だ。（グル・アルジャン『グル・グラント・サーヒブ』）

ユダヤ教
あなたがいやだと思うことを隣人にしてはならない。これがトーラーのすべてだ。あとはそのことの説明にすぎない。（ラビ・ヒレル『タルムード』）

仏教
自分がされたら痛みを感じるようなやり方で、他人に接してはならない。（ブッダ『ウダーナヴァルガ＜感興の言葉＞』）

ヒンドゥー教
ダルマ（法）を要約すればこうだ。自分がされたら痛みを感じることを、他人にしてはならない。（『マハーバーラタ』）

イスラム教
真のイスラム教徒なら、自分自身のために望むことを、自分の兄弟のためにも望むものだ。（ムハンマド『ハディース』）

キリスト教
自分がしてほしいと思うことを、ほかの人に対してもしなさい。これこそ律法であり、預言者である。（イエス・キリスト『新約聖書 マタイによる福音書』）

黄金律は、すべての人が、すべての人に対して守るべきルールだ。子どもか大人か、男性か女性か、同じ宗教の信者かそうでないかは関係ない。

黄金律は、ふたつのことを伝えている。ひとつは、同じ宗教を信じる人だけではなく、すべての人を気にかけるべきだということ。そしてもうひとつは、宗教というものが、個人はもちろん、社会にも関わっているということだ。他人によくすることができないなら、自分によくすることだってできはしない（したがって救済を得ることや、悟《さと》りを開くこともできない）

共同体での助けあい
同じ共同体に属する人びとは、しばしば互いに助けあう。慈善についてのルールを定めた宗教も多い。慈善《じぜん》をほどこす目的は、自分が点数をかせぐことではなく、自力では暮らしていけない人びとを支えることだ。集まったお金は、恵まれない人びとに分け与えられるだけではなく、学校や病院をたてるのにも使われる。

「世界宗教のあいだに争いがなくなったとき、地球

なぜ人は争うのか？

我々＋彼ら＝不寛容《ふかんよう》

宗教的な不寛容には、ふたつの類型がある。ひとつは宗教を信じない人びとがすべての宗教を標的にするもの。もうひとつは信心深い人びとがほかの宗教を敵視するものだ。人間には、世界を「我々」と「彼ら」に分けようとする傾向がある。ふたつの不寛容は、どちらもそこに根ざしている。

周囲と違《ちが》う人びとは、憎《にく》しみの対象にされやすい。異なる暮らしぶりが社会から理解されず、迫害《はくがい》を受けてしまうのだ。無知は恐《おそ》れをかきたて、恐れは不寛容《ふかんよう》を招く。時には政府が宗教的なしきたりを禁止することもあり、信者が反発を強める。

我々＝「自分」と似かよった人びと（たとえば家族や、階級、宗教、年代、人種などが同じ人びと）	**彼ら**＝「自分」とは違う人びと）

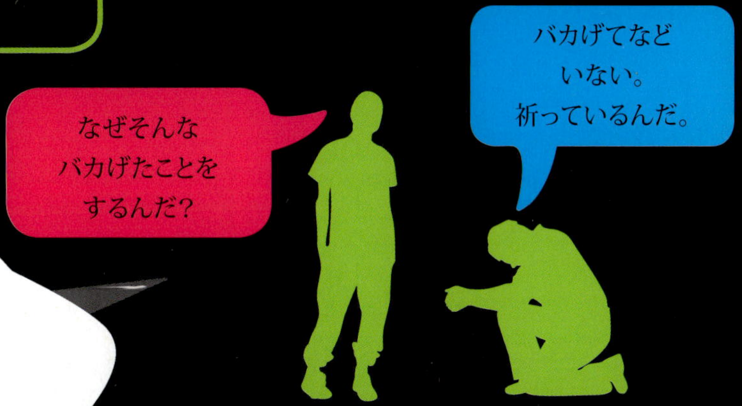
なぜそんな
バカげたことを
するんだ？
バカげてなど
いない。
祈っているんだ。

原理主義

ほとんどすべての宗教に、原理主義者と呼ばれる人びとがいる。彼らは、自分たちの宗教だけが生きる道であり、救済に至る方法だと信じている。彼らのなかには、ほかの人にも教えを広めようと、宣教師になったり、政治的な抵抗《ていこう》運動をはじめたりする人びともいる。

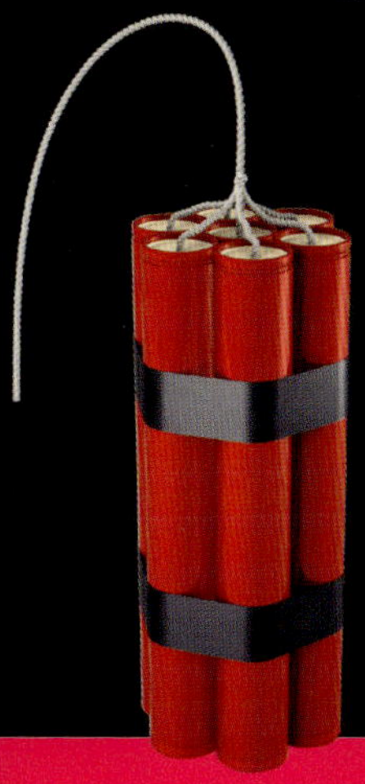

過激派

原理主義者のごく一部は過激派になり、暴力やテロを使って自分たちの宗教に注目を集めようとする。彼らは「神の意志に従っている」と主張して暴力行為を正当化するが、「人命を尊重せよ」という聖典の教えはかえりみない。

黄金律は通用しないのか？

他人の信仰を尊重することと、それを許容することは別物だと考える人びともいる。宣教師は信者でない人びとを尊重しながらも、やはり相手を改宗させたがるだろう。暴力的な過激派は、自分と同じ宗教観をもつ人びとにしか黄金律を適用しないだろう。

に平和が訪れるだろう」（ハンス・キュング、神学者）

なぜ善良な人々までが、

罪もない人が殺されたとき、なぜ神は止めなかったのかと不思議がる人もいれば、

なぜこの世に苦しみがあるのか？

西洋哲学《てつがく》には「悪の問題」と呼ばれる古典的な議論がある。

1．神は全能である。
2．神は善良である。
3．この世に悪が存在する。

以上を踏《ふ》まえれば、結論はふたつにひとつ。「神は全能ではなく、悪を止められない」のか、「神は善良ではなく、悪を止める気がない」のかだ。

・宗教が違《ちが》えば、見方が違う

- 人間には自由な意思がある。誰かが悪事をはたらいたとしても、それは神の責任ではない。
- 人びとが心を成長させ、神に近づくには、苦しむことも必要だ。
- 苦しみがあるから、人びとは互いに親切にできる。
- 苦しみは信仰心《しんこうしん》のテスト。合格した者には、現世か来世にほうびが与えられる。
- 苦しみは悪いおこないにたいする罰《ばつ》である。

西洋的な見方

なぜ神は人びとを苦しめるのか？

自由な意思

一神教的な西洋の考え方に従えば、この世に悪いことが起こるのは、ひとえに人間の責任だ。神は完全無欠の世界をつくる一方で、人間に自由な意思をあたえた。いいことをするか悪いことをするかは本人次第ということだ。人間が悪いおこないを選ぶたび、世界の完璧《かんぺき》さはそこなわれてきた。

なぜ神は、人間がいいことだけをするようにつくらなかったの？

自分のおこないを選ぶ能力をもたないなら、人間は真に自由ではなくなるからだ。しかし自由な意思をもったがために、悪いおこないを選ぶ者があらわれ、他人や自分自身を苦しめることになっている。

それだけの価値はあるの？

苦しみがあるから、よりよいことが起こるのだと考える人もいる。自由な意思はたしかに苦しみをもたらすかもしれないが、それがないと、精神性を高め、神に近づくことはできないだろう。苦しみによって得られるものは、失うものよりはるかに多い。

ヨブの物語

たいていの聖典には、なぜ悪いことが起こるのかは神のみが知ることだ、と書かれている。キリスト教の場合はこうだ。

神と悪魔《あくま》がヨブという男をめぐって議論した。

ヨブは立派だ。常にわたしの言葉に従う。
バカな！　神の恵《めぐ》みがほしくて従っているだけだ。
悪魔よ、それは間違いだ。ヨブは苦難を与えられてもわたしに従うだろう。
どうだか……

悪魔《あくま》はしたい放題のことをした。

ヨブのラクダは盗《ぬす》まれ、
ヒツジは死んだ。
使用人たちは敵に殺された。
ヨブ自身も病気になり、
子どもたちは家が壊《こわ》れて死んだ。

苦しみにさらされるのか？

殺されても仕方のないようなことを何かしていたのだろうと考える人もいる。

東洋的な見方

人はどんな過ちをおかしたのか？

カルマ

多くの神をあがめたり、逆に神をあがめなかったりする東洋の宗教では、「なぜ神は人びとを苦しめるのか」とは考えない。ヒンドゥー教や仏教の教えによれば、苦しみの原因となるのは、その人のおこない（カルマ）だ。いいことをすればいい結果がもたらされ、悪いことをすれば悪運に見舞《みま》われる。現世と来世の両方でだ。

悪いおこないとは？

ヒンドゥー教の教え

聖典の『バガバット・ギーター』には、「行動とは何か、禁じられた行動とは何か、行動しないこととは何かを、正しく知るべきだ」と書かれている。誤った行動は悪いカルマをもたらし、それが現世と来世での苦しみを引きおこす。その苦しみは個人に降りかかるかもしれないし、集団に降りかかるかもしれない。

仏教徒の見方

ブッダの教えによれば、人びとの苦しみは、この世のあるがままの姿を見ないことから起こる。人びとはこの世のはかなさを理解せず、しがみつこうとするばかり。それが悟《さと》りをさまたげている。とはいえ人生の苦しみを知ることは、苦しみから解放されるための第一歩だ。

それで答えは？

どの宗教の見方をとるかによって違《ちが》う！

この世に苦しみが存在する理由は、それぞれの宗教が人生の目的をどう見ているかに関わってくる。苦しみは精神性を高めるのに必要だとする宗教もあれば、悟《さと》りを開いて乗りこえるべき問題だとする宗教もある。

しかし誰《だれ》もが同意するのは、この世の苦しみをなくしたいということ。

そのためには他人を思いやり、彼らの苦しみをやわらげることだ。

苦しみの終わり

その意味するものは、宗教によって違う。苦しみの終わりは生きているうちにもたらされるとする宗教もあれば、死後の世界を待たなければならないとする宗教もある。ある宗教では、それは悟《さと》りを開くことだといい、別の宗教では救世主が到来し、世界に平和をもたらすことだという。

ヨブの妻はついにウンザリ。
神を呪《のろ》いなさい。そうすれば死んで、楽になれるわ。
バカな……そんなことをして何になる？　わたしは神を呪《のろ》ったりしない。
だがついに、ヨブも友人に恨《うら》みごとを言うと……神は答えた。
何もしていないのに、なぜひどい目にあわされるのだろう？
何か罪をおかしたから罰《ばっ》せられてるんでしょ。
わたしは世界をつくった。ものごとが起こる理由はわたしだけが知っている。あなたが世界をつくれるというなら、わたしに何でも聞くがよい。だが、あなたにその資格はない。
ヨブは悔《く》いあらためた。
神はすべてに耐《た》えたヨブに、健康と財産、そして新たな子どもたちをさずけた。

宗教と科学

地球はいつ、どのようにしてつくられたのか？　人類はいかにして誕生したのか？　かつては宗教が、こうしたすべての疑問に答えていた。

宗教が科学と出会うとき、

対立が起こる

科学は宗教の敵だと考える人びとがいる。なぜなら、科学は宗教の教えを否定することがあるからだ。最もよく知られているのは、ダーウィンの進化論と、キリスト教の創造論とのあいだの論争だろう。この論争は1860年代にイギリスで巻きおこり、20年ほど大いに議論されたあと、いったんは下火になった。だが最近になって、生物学者のリチャード・ドーキンスをはじめとする無神論者たちが、再びこの論争に火をつけた。アメリカの一部地域では、今も激しい論議が交わされている。

生物の進化を信じない者は、正気でないか、教育がないかのどちらかだ。これだけたしかな証拠《しょうこ》がある以上、正気で、しかも教育のある者なら、誰《だれ》もが進化を信じないわけにいかない。

リチャード・ドーキンス(1941–)

協力しあう

科学と宗教がお互いから学ぶことで、ともに発展していけるとする見方もある。一部の科学理論が宗教の教えと相反するように見えても、実際には、科学と宗教は同じ土台に立っていると考えるのだ。結局は科学だって、まだすべての「答え」を見つけてはいないわけで……。

科学者は、「ビッグバン」と呼ばれる説明不能の光の大爆発《だいばくはつ》によって、宇宙が誕生したことを発見した。これは、「神は『光あれ』と言われた。すると光があった」という聖書の言葉を、科学的に言いかえたものだと言える。

アメリカの物理学者ネーサン・アビーザーの言葉

＊もちろん、科学は啓蒙《けいもう》主義の時代以前からあった。だが、それまでは宗教を補佐する役目に甘《あま》んじていた。たとえばアステカ文明やエジプト文明では、神殿《しんでん》を建てる位置や、儀式《ぎしき》をおこなう時期を決めるときに、天文学を利用した。

ところが17世紀後半の啓蒙《けいもう》主義の時代以降(*)、科学が急速に発達し、宗教とは違《ちが》う答えを出すようになった。科学者の権威《けんい》が聖職者を上回り、仮説には検証と証明が求められるようになった。人びとはもはや聖典の言葉をうのみにはせず、たしかな証拠《しょうこ》をほしがった。そのとき、宗教はどんな影響《えいきょう》を受けたのだろうか。

どんなことが起こるのか？

何も起こらない

科学と宗教は別個のものを扱《あつか》うのだから対立は起こらないとする見方もある。これが現在の主流であり、また19世紀の進化論と創造論の争いに終止符《しゅうしふ》が打たれた理由でもあった。ダーウィン自身、進化論と神への信仰は矛盾《むじゅん》するものではないと考えていたし、現代の科学者のなかにも、信仰心の厚い人は大勢いる。

客観的な知識（科学）は、一定の目標を達成するための強力な道具になる。しかし究極の目標や、それを達成したいという切なる願いは、別の源から生まれてくるものだ。

アルベルト・アインシュタイン
(1879 ～ 1955年)

創造論とは何か？

どの宗教にも、世界がどのようにして始まったのかを説明する物語がある。ユダヤ教とキリスト教の聖書にも、神が6日間で世界を創造したいきさつが書かれている。ただし、その解釈《かいしゃく》は人によって違《ちが》う。

◆文字どおりに受けとる人びとの解釈

「神がそうしたと聖書に書いてあるなら、実際そのとおりなのだろう。化石だって、世界を創造する課程で神がつくりだし、地面に埋《う》めたのかもしれない。数百万年前の化石のように見えたとしても、その年代が正確だとどうしてわかる?」

◆象徴的《しょうちょうてき》な記述だと考える人びとの解釈

「天地創造の物語を文字どおりに受けとる必要はない。肝心《かんじん》なのは、神が世界をつくったということだ。"6日間" というのも、必ずしも24時間を6回ということではなく、何百万年という歳月《さいげつ》からなる6つの時代のことをあらわしているのだろう。人類はそのあいだに、神の管理のもとで進化したのだ」

◆創造論を認めない人びとの解釈

「地球はビッグバンによって、何もないところから生まれた。人類はほかの動物から進化したのであり、神に創造されたのではない」

地球はどのようにして誕生したのか？

宗教を研究する学者が、病気の治療《ちりょう》をおこなう例も多かった。イスラム教にはすべては神の一部だとする考え方（タウヒード）があり、科学をつうじて世界を理解することも、その一例とされている。

道徳の迷路

道徳とは何か？

道徳とは、どのような行動が受けいれられるかを示す基準。言いかえれば、善悪の判断基準のことだ。宗教は一定の道徳律を教える。そこで一部の人びとは、宗教心をもたない人間が道徳心をもつはずはないと考える。しかし別の人びとは、無宗教であっても、道徳心をもつことは可能だと考える。

人は道徳にかかわる決断を、どのように下しているのだろう？

善悪は直感で判断するね
人は何度も決断をかさねて、ようやく答えにたどり着く。
聖典にどう書いてあるか調べます
思いやりのある決断をするようにしています
聖人の生き方や行動をまねるようにしています
理性をはたらかせて論理的な結論を出すぞ
その決断が、来世にどう響くかを考えるわ

人びとが善良なおこないをすれば、誰《だれ》もがより幸せになり、社会のどの宗教にも、それぞれの信者を導く道徳律がある。しかし正しいとされる生き方は宗教によって違うし、同じ宗教でも宗派ごとに違う。道徳律の中には、「黄金律」（80ページ参照）のように多くの宗教に共通するものもあれば、その宗教に固有のものもある。

昔ながらの
宗教的な
しきたりに
従います

道徳的なジレンマ

わたしたちは一定の道徳律に従って、日々、決断を下している。しかし人生とは複雑なもの。時には道徳律では対処できないような、難しい選択《せんたく》を迫《せま》られる。

キリスト教徒やユダヤ教徒が守る十《じっ》戒《かい》には、「盗《ぬす》みをしてはならない」という戒《いまし》めがある。しかし彼らが農村で道にまよい、子どもたちがお腹をすかせたらどうだろう。農地の作物をとるべきか、とらざるべきか？

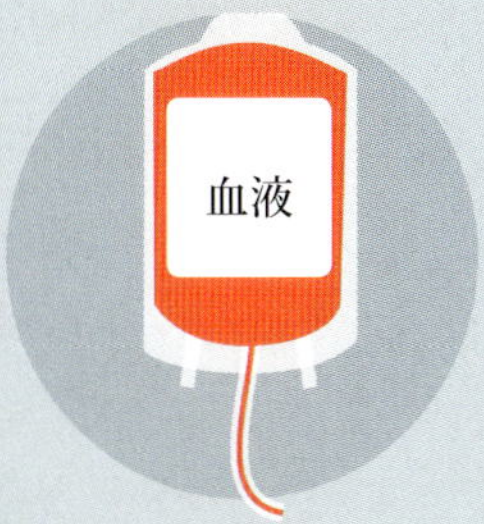
血液

「エホバの証人」の信者は、信仰上の理由で輸血を認めない。彼らの十代の子どもが、そのことに反対していたとしよう。輸血をしなければ、その子が死ぬような事態になった場合、親たちは輸血を認めるべきだろうか？

コーランは、ウソをつくのは罪だと教えている。信心深いイスラム教徒は、誰《だれ》かが傷つくのを避《さ》けるために、罪のないウソをつくことさえもできないのだろうか？

宗教指導者の
教えを参考に
します

ヒンドゥー教徒は、いかなる殺生《せっしょう》も禁じられている。だが、子どもが野《や》獣《じゅう》におそわれたとしても、その野獣を殺してはならないのだろうか？

健全さと豊かさが増す。

「迷路」の道しるべ

六大宗教の信者たちは、何を道徳律の基準にしているのだろうか。

ユダヤ教徒

尊敬される先人や、学識豊かなラビたちが定めた613の戒律を守る。ユダヤ人の慣習にも従う。

イスラム教徒

コーラン、スンナ（ムハンマドの言行）、シャリーア（神の権威《けんい》を認められたイスラム法）に従う。

キリスト教徒

聖書に記されたイエス・キリストの教えやおこないを、自分たちの行動の手本にする。教会の伝統も重視する。

仏教徒

「五戒《ごかい》」を守り、「八正道《はっしょうどう》」に従う。それによって道徳的な暮らしをおくり、苦しみの輪から逃《のが》れる。

シーク教徒

聖典の『グル・グラント・サーヒブ』を参考に、ものごとの善悪を判断する。

ヒンドゥー教徒

人生の段階におうじたダルマ（法）に従う。古い聖典にあるヤマ（禁戒《きんかい》）とニヤマ（勧戒《かんかい》）を守る。

宗教は無用

そうだ！　宗教は、もはや役割を終えた。その先に進もう。

人間の行動を研究する学者は、神が人間をつくったのではなく、人間が神を考案したのだと信じている。人類が発展していく途中《とちゅう》の段階では、神々を信じることは必要かつ重要なステップだった。人びとは神に保護をもとめたり、ものごとが起こるのは神の意志だと納得したりした。だが今や、わたしたちはその段階を超《こ》えている。人類は自立し、神々に守ってもらう必要はなくなった。「答え」は科学が出してくれる。行動の指針は、情報と理性が示してくれる。

神様なんてものが実際にいるとは思えないな。

神にたよらなくても、どう行動すべきかはわかります。人間は生まれながらに善悪の判断はできるもの。仮に判断を誤る人がいても、そのときには法律があります。

現代の科学は、この世界のことをすべて教えてくれる。聖典の記述が事実ではないことも立証してしまう。

の長物か？

ちがう！ 宗教は現に役立っている。

宗教は、それを信じる者たちに、高度な真理を示す。科学では答えを出せない難問にぶつかったとき、わたしたちは今も宗教を必要とする。宗教はまた、過ぎさった時代とわたしたちとをつなぎ、人びとに帰属意識や生きる目的を与えもする。たしかに西ヨーロッパでは宗教離《ばな》れが起きているかもしれないが、それ以外の地域ではなおも宗教は盛んであり、成長さえしている。何らかの信仰をもっている人びとは、世界の全人口の４分の３以上におよぶ。

わたしの宗教は、わたしの生き方そのものよ。わたしは同胞《どうほう》が何世紀も前からしてきたことをするのが好き。人生に目的がもてるし、帰属感も感じられるわ。

わたしの宗教の教えは正しい。たとえ世の中の流行《はやり》からはずれたとしても、常に真理であり続ける。

科学は物質的な世界のことは教えてくれる。でも精神的な世界のことや、形而上的《けいじじょうてき》な真理や意味については教えてくれないわ。

宗教家 人名簿《じんめいぼ》

どの宗教にも特別な教育者や指導者がいる。人びとに教えを広め、その理解を助けた人物たちだ。彼らのことは、聖典や、当初は口承で伝えられていた伝説などから、うかがい知るほかはない。

アブラハム

ユダヤ教、イスラム教、キリスト教

ヘブライ聖書の記述によれば、アブラハムは、偶像崇拝《ぐうぞうすうはい》がおこなわれていた時代に、唯一神《ゆいいつしん》を信仰した。神は、アブラハムが偉大《いだい》な国民の父祖になると告げた。アブラハムには2人の息子がいた。妻に生ませたイサクと、使用人に生ませたイスマエルだ。アブラハムとイサク、そしてイサクの息子のヤコブは、ユダヤ教の開祖となった。キリスト教徒にとっては、彼らはイエス・キリストの祖先だ。一方、イスラム教徒は、イスマエルをムハンマドの祖先と見なしている。

ゾロアスター

ゾロアスター教

ゾロアスターは、現在のイランとアフガニスタンにまたがる地域に住む聖職者だった。善悪について考えをめぐらせている最中、彼は善神と悪神が終わりなき戦いを繰《く》りひろげているという内容の啓示《けいじ》を受けた。この世界や人類は、善神が自分の味方につけようとつくりだしたものだという。こうしたゾロアスターの世界観は、まずバクトリア（現在のアフガニスタン）で支持をあつめ、次第に近隣《きんりん》の王国へと広まっていった。

モーセ

ユダヤ教、イスラム教、キリスト教

ヘブライ聖書のなかで、モーセは預言者・立法者として描かれている。ユダヤ人として生まれたものの、モーセはエジプトの王家で育てられた。やがて神の命を受けてユダヤ人の指導者となり、奴隷《どれい》にされていた同胞《どうほう》を、エジプトから約束の地カナン（現在のイスラエル）へと導いた。モーセを介《かい》して、神はユダヤ人たちに十戒《じっかい》をさずけた。そのことは、ユダヤ教のトーラーにも、キリスト教の聖書にも書きしるされている。

老子《ろうし》

紀元前6世紀頃？
道教

老子は古代中国の思想家であり、宮廷《きゅうてい》の書記官だったとも伝えられている。老子が書いたとされる『道徳経』は、荘子《そうし》の著作とともに、道教の土台となっている。ただ、老子を架空《かくう》の人物、または複数の歴史上の人物を合体させた人格と見る歴史家もいる。

道は天にはない。
道は心のなかにある。

ブッダ

紀元前6世紀〜紀元前5世紀
仏教

王子として生まれ育ったゴータマ・シッダールタは、宮殿《きゅうでん》の外を旅したとき、初めて人の世の苦しみを知った。そのとき彼は、人びとがよりよい暮らしを送れる道を探そうと決意した。菩提樹《ぼだいじゅ》の下で瞑想《めいそう》をかさね、ゴータマはついに悟《さと》りを得る。それ以来、彼はブッダ（悟りを開いた人）と呼ばれるようになった。ブッダは残りの一生をついやし、どうすれば悟りが開けるかを人びとに説いた。

過《あやま》ちて改めざる、
これを過ちという。

マハービーラ

紀元前6世紀
ジャイナ教

ジャイナ教の開祖マハービーラ（本名バルダマーナ）は、第24代のジナ（勝利者、道を示す師）だ。インドの王族の家系に生まれたが、30歳《さい》のときにぜいたくな暮らしを捨て、苦行者になった。12年間の断食と瞑想《めいそう》の果てに、彼は悟《さと》りを開き、マハービーラ（大雄）と呼ばれるようになる。その後は、人びとに悟《さと》りの開き方を教えた。

孔子《こうし》

紀元前551〜479年
儒教（じゅきょう）

孔子は中国に生まれた偉大《いだい》な思想家で、誰《だれ》にとっても教育は重要であるとの強い信念をもっていた。彼の思想は多くの弟子を引きつけた。孔子は、自己を律することと、他者を思いやることを説いた。そして、それらは特に目新しいものではなく、中国古来の思想だと強調した。孔子の教えや弟子との対話は、紀元前2世紀ごろに書かれた『論語』に収められている。

自分を愛する
ように隣人《りんじん》を
愛しなさい。

イエス・キリスト

紀元前5年ごろ〜西暦30年
キリスト教、イスラム教

ユダヤ人として生まれたキリストは、イスラム教徒からは預言者のひとりと見なされ、キリスト教徒からは神の子と考えられている。説教師であり、治療者《ちりょうしゃ》でもあったキリストは、ガリラヤ（現在のイスラエル）で3年間、伝道をおこなうあいだに、たくさんの弟子を集めた。弟子たちは、キリストこそが待望のメシア（救世主）だと信じた。危険な反逆者だと見なされ、キリストはローマ人に処刑《しょけい》された。しかしキリスト教徒は、彼が3日後に復活し、その後に昇天《しょうてん》したと信じている。

宗教家 人名簿《じんめいぼ》

龍樹《りゅうじゅ》

西暦100～165年ごろ
仏教

インドに生まれた龍樹（ナーガールジュナ）は、バラモン教から仏教に改宗し、その後の仏教思想に大きな影響を与えたとされる。チベットや東アジアの仏教徒のあいだでは「第2のブッダ」「八宗の祖」などと呼ばれており、彼の著作は仏教の「中観派《ちゅうがんは》」の基礎となった。龍樹は「空《くう》」の思想を説いた。あらゆるものは実体をもたず、ほかのものとの因果関係のうえにのみ成立するという考え方だ。

ムハンマド

西暦570年ごろ～632年
イスラム教

ムハンマドは瞑想中《めいそうちゅう》に、最初の神の啓示《けいじ》をうけた。3年後、彼はメッカで布教活動を開始した。迫害《はくがい》をうけ、1度はメディナに逃《のが》れたものの、彼は最終的にメッカを無血征服《せいふく》する。ムハンマドが長年にわたって受けた啓示は、聖典『コーラン』としてまとめられた。イスラム教徒は神や人の肖像《しょうぞう》を描くべきではないと考えている。そのため美術作品でも、顔の部分は覆《おお》いかくされる。

アブー・バクル

在位632～634年
イスラム教

アブー・バクルはスンニー派がみとめるカリフのひとり。ムハンマドの親友で、義理の父親にも当たる。ムハンマドの死後、イスラム共同体の初代カリフ（指導者）に選ばれた。彼は敵対勢力にたいして軍事作戦を展開。2年ほどでアラビア半島を統一し、イスラム教徒が支配する国をつくった。

アリー

在位656～661年
イスラム教

アリーはシーア派がみとめるカリフのひとり。ムハンマドのいとこだが、幼いころにその養子となり、ムハンマドの娘《むすめ》を妻にした。シーア派はこのアリーを初代のイマーム（宗教指導者）、その子孫をムハンマドの後継者《こうけいしゃ》と見なしている。アリーはムハンマドがメディナにいた時期に彼の右腕《みぎうで》として働き、最後にはその後継者に指名された。

赦《ゆる》しは神がお与えになるものだ。

これからは聖典がグルだ。

グル・ナーナク

1469 ～ 1539年
シーク教

ヒンドゥー教徒だったナーナクは、ヒンドゥー教とイスラム教について深く学んだ。それにより、神は唯一《ゆいいつ》であり、神のまえでは誰《だれ》もが平等だと確信するにいたった。ナーナクは生涯《しょうがい》をかけて聖職者たちと議論するとともに、儀式《ぎしき》や巡《じゅん》礼《れい》よりも魂《たましい》や日々のおこないの方が大事なのだという信念をひろめた。彼が自らの思想をつづった詩は、今もシーク教徒に賛美歌として歌われている。

マルティン・ルター

1483 ～ 1546年
キリスト教

マルティン・ルターは、もともとカトリックの修行僧《しゅぎょうそう》であり神学者だった。しかし免罪符《めんざいふ》の販《はん》売《ばい》をはじめとする教会の腐敗《ふはい》を目にして、カトリックの信仰に疑問をもった。彼は1517年に『95か条の論題』で自説を公表し、1521年に破門される。しかし、その後も教会の改革を訴《うった》えつづけ、プロテスタントの創始者となった。

グル・ゴービンド・シング

1666 ～ 1708年
シーク教

ゴービンド・シングは、父親であるグル・テーグ・バハードゥルの死後、第10代のグルとなった。1699年には、シーク教徒がいかなる権力にも屈《くつ》しないようにと、「カールサー」と呼ばれる戦闘的《せんとうてき》な共同体を組織した。加入する者は、メンバーであることを示す特別なシンボルを身につけた。グル・ゴービンド・シングは、死ぬまえにシーク教の聖典『グル・グラント・サーヒブ』を、最後にして永遠のグルに指名した。

バハー・アッラー

1817 ～ 1892年
バハーイ教

バハーイ教の開祖。イスラム教徒としてペルシア（現在のイラン）で生まれたが、その後、預言者バーブ（「ムハンマドを継《つ》ぐ別の預言者があらわれる」と主張した）の弟子になった。バーブの死後、バハー・アッラーは投獄《とうごく》され、流刑《りゅうけい》にされた。しかし神の啓示に力を得て、彼は自分の考えを書きしるした。それが今では、バハーイ教の聖典になっている。信者は彼を、神の預言者と見なしている。

用語解説

（イ）……イスラム教
（キ）……キリスト教
（シ）……シーク教
（ジャ）……ジャイナ教
（儒）……儒教《じゅきょう》
（道）……道教
（ヒ）……ヒンドゥー教
（仏）……仏教
（ユ）……ユダヤ教

アートマン：（ヒ）人間の魂《たましい》。

あがない主：（キ）人間の原罪をあがなうために十字架《じゅうじか》にかけられて死んだイエス・キリストのこと。

安息日：（キ、ユ）休息と礼拝にあてる日。

いけにえ：感謝やあがないのあかしとして捧《ささ》げものをすること。

イコン：（キ）聖人を描いた像や絵。礼拝の集中を高めるために使われる。

イマーム：（イ）①モスクでおこなわれる集団礼拝の指導者。②カリフや優れた学者にたいする尊称《そんしょう》。③シーア派の最高指導者。特別な宗教的権威《けんい》をみとめられた、神の光の伝達者。

陰陽《いんよう》：（儒、道）自然や宇宙は陰と陽の両面をもっているとする中国古来の思想。陽は創造性、男、天、暖、光などに関係づけられる。陰は女、地、冷、暗などに関係づけられる。

カールサー：（シ）入信者が所属する共同体。

会衆：礼拝のために集まった一団の人びと。

カリフ：（イ）イスラム共同体の指導者。

カルマ：（仏、ヒ）人びとのおこない。その善し悪しにしたがって、死後、どのように生まれかわるかが決まる。

カンダ：（シ）シーク教の重要なシンボル。

救済：（キ）キリストへの信仰により、原罪から救われること。

教会：（キ）信者の組織、または礼拝のための建物。

教義：宗教的な教え。

教派：ある宗教のなかの派閥《はばつ》のこと。

禁欲：宗教的な理由で、食欲や性欲など、もろもろの欲望を切り捨てること。

偶像崇拝《ぐうぞうすうはい》：神仏をかたどった像をあがめること。

苦行者：宗教上の理由で、自身の体を痛めつけたり、禁欲などのきびしい自己修養をおこなう人。

グル・グラント・サーヒブ：（シ）シーク教徒の聖典であり、精神的な指針。

グルドワーラー：（シ）礼拝をおこなう場所。聖典『グル・グラント・サーヒブ』が置かれている。

啓示《けいじ》：神が真理を教え示すこと。

啓蒙《けいもう》思想：17世紀後半から18世紀に盛んになった、科学と理性の重要性を強調する思想。

解脱《げだつ》：（仏、ヒ、ジャ）死と転生のサイクル（輪廻《りんね》）から解き放たれること。

コーシェル：（ユ）ユダヤ法にかなっていること。食べ物に関係して、よく使われる言葉。

コーラン：（イ）イスラム教の聖典。神がムハンマドに啓示《けいじ》した言葉だとされる。

悟《さと》り：（仏、ヒ）迷いを脱《だつ》し、真理を知ること。悟りを開くと、輪廻《りんね》のサイクルから抜《ぬ》けだせる。

サラート：（イ）毎日5回、決められた方法でおこなわれる礼拝。

三神一体：（ヒ）ヒンドゥー教の三大神のブラフマー、ビシュヌ、シバを一体のものと考える思想。

三位一体：（キ）父と子と聖霊《せいれい》がひとつの神を形づくるとする思想。

シナゴーグ：（ユ）ユダヤ教の会堂。礼拝と学究をおこなう場所。

シャーマン：部族宗教の聖職者。霊《れい》的《てき》な力をもつと信じられている。

シャリーア：（イ）イスラム法。

宗教改革：（キ）ローマ・カトリック教会から離脱《りだつ》した人びとが、プロテスタント教会を設立した宗教運動。

修道会：宗教的な誓《ちか》いをたてて暮らす修道士の共同体。

贖罪《しょくざい》：（キ、ユ）犠牲《ぎせい》によって罪をあがなうこと。

女子修道会：（キ）宗教的な誓《ちか》いをたてて暮らす修道女の共同体。

神学：宗教の教義や、その背後の理論を研究する学問。

信仰：ある宗教の教義にたいする強い信頼《しんらい》。

聖書：（キ）旧約と新約に分けられた、宗教的な文書類の集成。

聖職者：宗教儀式《ぎしき》をとりおこなう資格をもった人。

聖体拝領：（キ）キリストの肉と血を象徴《しょうちょう》するパンとワインを、信徒に分けあたえる儀式《ぎしき》。聖餐式《せいさんしき》ともいう。

聖地：神々や聖人と関係の深い場所。

聖典：その宗教の教理を記した書物。仏教の経典、キリスト教の聖書、イスラム教のコーランなど。

正統派：すでに確立された、伝統的な見解にしたがう人びと。

世界宗教：キリスト教、イスラム教、仏教など、国や民族のわくを超えて、世界に広く普及《ふきゅう》している宗教のこと。

世俗的《せぞくてき》：宗教的なしきたりに縛《しば》られないこと。

洗礼：（キ）キリスト教に入信するにあたり、水で体をきよめる儀式《ぎしき》。

タナーク：（ユ）ヘブライ聖書とも呼ばれるユダヤ教の聖典。トーラー（律法＝モーセの五書）を含《ふく》む。

ダルマ：（仏）ブッダの教え。（ヒ）法。正しいおこない。

タルムード：（ユ）ユダヤ教の聖典にたいするラビの解釈《かいしゃく》をまとめたもの。

哲学《てつがく》：知識や存在の本質を学ぶ学問。

道徳：善いおこないと悪いおこないを区別する規範《きはん》。

トーラー：（ユ）律法。モーセに啓《けい》示《じ》された神の法。

涅槃《ねはん》：（仏、ヒ）苦痛、欲望、自意識などから解放された境地。

ハッジ：（イ）メッカへの巡礼《じゅんれい》。

バット・ミツバ：（ユ）12歳《さい》の少女が大人の仲間入りをすることを祝う儀式《ぎしき》。

ハディース：（イ）預言者ムハンマドの言行録。

ハラール：（イ）イスラム法にかなっていること。食べ物に関係して、よく使われる言葉。

はりつけ：（キ）木製の十字架《じゅうじか》に縛《しば》りつけたり、くぎで打ちつけたりする処刑法《しょけいほう》。イエス・キリストは、はりつけにされた。

バル・ミツバ：（ユ）13歳《さい》の少年が大人の仲間入りをすることを祝う儀《ぎ》式《しき》。

プジャ：（仏、ヒ）礼拝のこと。

復活：（キ）イエス・キリストが死からよみがえったこと。最後の審判《しんぱん》の日には、全人類が復活するとされる。

ブッダ：（仏）①悟《さと》りを開き、ほかの人にその方法を教えみちびく人のこと。②仏教の開祖、ゴータマ・シッダールタのこと。

ブラフマー：（ヒ）ヒンドゥー教の三神のひとつ。万物の創造神。

ブラフマン：（ヒ）時の外側に存在する、万物を支える力またはエネルギーのこと。

ベーダ：（ヒ）４編からなるヒンドゥー教の古い聖典。

ヘブライ聖書：（ユ）「タナーク」の項《こう》を参照。

マントラ：（仏、ヒ）瞑想《めいそう》を深めるために唱える言葉や音。

瞑想《めいそう》：精神性を高めるために、一定の時間、深く集中して思考をめぐらすこと。

メシア：（キ、ユ）救世主。ユダヤ教では、古代の預言者たちが、その到来《とうらい》を予告している。キリスト教ではイエス・キリストのこと。

モスク：（イ）礼拝をおこなう場所。

遊行期：（ヒ）４段階からなるヒンドゥー教徒の人生の最終段階。この年代になると、苦行者となり、施《ほどこ》しのみにたよって暮らす人もいる。

ヨーガ：（仏、ヒ）精神や肉体の鍛《たん》錬《れん》、宗教的知識の学習など、様々な方法でおこなわれる修行のこと。

預言：預言者が神のお告げとして伝える言葉。

預言者：神の言葉を預かり、伝える者。

ラビ：（ユ）ユダヤ教の宗教指導者。

輪廻《りんね》：（仏、ヒ、ジャ）死と再生のサイクル。この世のすべての生き物は、解脱《げだつ》するまでこの輪から逃《のが》れられない。

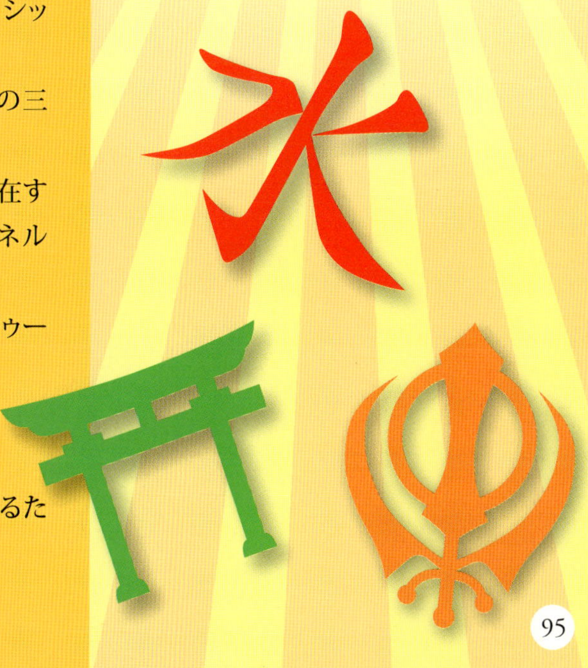

さくいん

Acknowledgements

Dorling Kindersley would like to thank Deborah Lock, Rafa and Sean McNulty, Clare Marshall, Zahavit Shalev, and Malcolm Adcock for editorial help, Sadie Thomas and Poppy Joslin for design assistance, and Karen VanRoss and Myriam Megharbi in the DK picture library.

The publisher would like to thank the following for their kind permission to reproduce their photographs:

(Key: a-above; b-below/bottom; c-centre; f-far; l-left; r-right; t-top)

akg-images: Archiv Gerstenberg 92fcra; Museo dell'Opera del Duomo/Erich Lessing 90fcla; Topkapi Serail Library/R. u. S. Michaud 92cla. Alamy Images: Nir Alon 43bl; Arco Images GmbH/Erichsen, J. 65br; Art Directors & TRIP 92cra; Art Directors & TRIP/ArkReligion.com 13br, 32cb, 32clb, 32crb, 33tc, 36cb, 36-37b, 37crb, 58clb, 61tc, 65c, 93fcla; Art Directors & TRIP/ArkReligion.com/John Wallace 59bl; Art Directors & TRIP/David Clegg/ArkReligion.com 12fcr; Stephen Barnes/Religion 42bc; Beaux Arts 42c; brt COMM 63cl; Classic Image 69bc; Gianni Dagli Orti/The Art Archive 29crb; David R. Frazier Photolibrary, Inc. 39bc; Joeri De Rocker 11bc; Louise Batalla Duran 34cr, 55bl; Tony French 11cra; Tim Gainey 32bl; David Gee 2 51cl; Sally and Richard Greenhill 62fcra; Harappan /The Art Gallery Collection 7tl; Heiner Heine/imagebroker 54br; Joachim Hiltmann/Imagebroker 13tl, 91bl; Chris Howes/Wild Places Photography 1 (stonehenge); Images & Stories 60br; India Images/Dinodia Images 61tl; Interfoto 15cb; Interfoto/Personalities 15br, 93cra; Israel images 50fcrb; Jaggat Images 62cl; Andre Jenny 63cr; Chris Leachman 92fcla; Craig Lovell/Eagle Visions Photography 91cla; John Mehre 55cr; nagelestock.com 6bl, 10cr; Nikreates 1 (bird), 90bc; North Wind Picture Archives 15cla; Fredrik Renander 58-59t; Gary Roebuck 61bc; Pep Roig 32br, 53cl; Ilse Schrama 50cl; Eitan Simanor/Robert Harding Picture Library Ltd 93fbl; Stuart Forster Japan 43bc; tbkmedia.de 38c; Veronica Thompson/Paul Thompson Images 62br; World Religions Photo Library/P. Gapper 62bc. Art Directors & TRIP: Harish Luther 64ca; Helene Rogers/Ark Religion.com 37ca. The Art Archive: Musée Guimet Paris/Alfredo Dagli Orti 1cr (painting). The Bridgeman Art Library: Ann & Bury Peerless Picture Library 7bl, 14cra; Look and Learn 6tc, 15bl, 90cra; Bildarchiv Steffens 15tr, 30br. British Library: 1 (page from the Qur'an). Corbis: 3br, 23clb; Andy Aitchison/In Pictures 52br; The Art Archive/Alfredo Dagli Orti 15cr; Arte & Immagini srl 72c; Atlantide Phototravel 54cl; Daniel H. Bailey 79fclb; Heide Benser/Zefa 88bl; Bettmann 6cr, 14br, 40cla, 47br, 73cr, 91br; Bettmann/Julia Margaret Cameron 17br; MK Chaudhry/EPA 59br; China Daily/Reuters 91cra; Richard Crisp/Science Faction 75b; Joshua Dalsimer 11t (background); Rupak De Chowdhuri/Reuters 55cl; Bennett Dean/Eye Ubiquitous 53bl; Pascal Deloche/Godong 35tc, 60cla, 64bc, 65ca, 90fcra; EPA 64bl, 96br; Stuart Freedman/In Pictures 68bl; Patrik Giardino 41bl; Luc Gnago/Reuters 57cla; Mike Grandmaison 23cla; Antoine Gyori/AGP 60cr; Peter Harholdt 38br; Blaine Harrington III 49; Martin Harvey 58br; Bettmann/Julia Margaret Cameron 17br, 46bc; Angelo Hornak 51tl; Jason Horowitz 22cl; Rob Howard 48c; Hulton-Deutsch Collection 29br; Image Source 23fclb; India Picture 22bc, 23c, 62fcr; JJamArt 96tc; Lynn Johnson/National Geographic Society 60bl; Earl & Nazima Kowall 37cr, 58cl; Bob Krist 3t, 53cra; Justin Lane/EPA 48l; Lebrecht 3/Lebrecht Music & Arts 6cl, 16bl; Jason Lee/Reuters 41crb; Danny Lehman 38-39ca, 63bl; Stephane Lehr 60bc; Francois Lenoir/Reuters 89bl; Ted Levine 78fcra; Phillipe Lissac/Godong 22cra; Colin McPherson 84bl; Hemant Mehta/India Picture 23crb; Marcus Mok/Asia Images 21bc; Daniel Morel 22clb; Robert Mulder/Godong 57cb; Kazuyoshi Nomachi 51cr; Jagadeesh Nv/Reuters 69bl; Mark Peterson 61bl; Sebastian Pfuetze/Zefa 23cra; The Print Collector/DPA 85bl; Martin Puddy 23tr; Steve Raymer 52cr; Eddy Risch/EPA 73tc; Royal Ontario Museum 11bl; Damir Sagolj/X90027/Reuters 69cl; Kurt Scholz/DPA 92br; Leonard de Selva 6c, 17ca; Ian Shive/Aurora Photos 43cla; Raminder Pal Singh/EPA 23bc, 50fbr, 93br; Hugh Sitton 62cr; John Smith 93bl; Joseph Sohm/Visions of America 40bc; Paul A. Souders 62c; Stapleton Collection/Philip Spruyt 40c; Tetra Images 22crb; Harish Tyagi/EPA 22fcr; Ajay Verma/Reuters 58bl; Steven Vidler/Eurasia Press 5tl; Visuals Unlimited 31br (lava); Nik Wheeler 57bl; White/Photocuisine 22cb; Gaby Wojciech/Westend61 40t; Michael S. Yamashita 7cl, 13cra, 61fbr. Dorling Kindersley: The American Museum of Natural History 1 (rattle); Ashmolean Museum, Oxford 1 (headdress), 45fcra; Birmingham Buddhist Vihara 50br; British Library 5cla, 20br; The British Library 1 (scroll); The British Museum 1 (ring), 1 (censer); Central London Ghurdwara 37bc, 51br; Culture and Sport Glasgow (Museums). 38cb; Glasgow Museum 1 (bible); Mark Andersen/Getty Images 89fbr; St Mungo, Glasgow Museums 1 (candlestick), 32fbr, 56bl; NASA 59tr; The National Birds of Prey Centre, Gloucestershire 61br; Rough Guides 1 (window); Russian Orthodox Church, London 1 (mitre). FLPA: Stefan Auth/Imagebroker 91fbl. fotolia: moshimochi 89br; Norman Pogson 59cr; TimurD 81bl. Getty Images: Arabianeye/Celia Peterson 48r; Archive Photos 93cla; Bellurget Jean Louis/Stock Image 78fcl, 79fcrb; The Bridgeman Art Library/Jan Provost II 14bl; Comstock 27ca, 27tc, 50clb; CSA Images/CSA Plastock 46cra; DEA/G. Dagli Orti 6tl, 11cla; DK Stock/Jaimie D. Travis 52bc; Muhannad Fala'ah 64cb; Hulton Archive 29cr, 43c; Hulton Archive/Apic 93fcra; Hulton Archive/Kaveh Kazemi 90cla; Image Source 2br, 62bl; The Image Bank/Image Makers 17cb; The Image Bank/Pieter Estersohn 45crb; Lonely Planet Images/Greg Elms 42cl (cao dai); Harry Malt/Ikon Images 74c, 74cr, 75cl, 75cr; David Min/Flickr 23tl; National Geographic/Sisse Brimberg 6br, 10bl; Panoramic Images 23bl; Photographer's Choice/Burazin 78bc, 78br, 78fbr, 79bc, 79bl, 79fbl; Photographer's Choice/David C Tomlinson 1 (angel); Photographer's Choice/Gandee Vasan 38cr; Photographer's Choice/Oliver Cleve 2bl, 79c; Robert Harding World Imagery/Gary Cook 78crb; Philip and Karen Smith/Iconica 79cb, 79fcla; Ed Snowshoe/Riser 79clb; Stockbyte/Cartesia 14t (background); Stone/Brian Bailey 78fclb; Taxi/Chris Clinton 3bl, 44-45; Taxi/Keren Su 1cb (painting); Tetra Images 50c; Tony Waltham/Robert Harding World Imagery 68br; Workbook Stock/David Henderson 1 (mosque); Workbook Stock/Tim McGuire 79crb. iStockphoto.com: ajaykampani 28cl; andylin 69crb; Joachim Angeltun 31bl (door), 31br (door); AnsonLu 31bl (meadow); Craig Barhorst 29tc; Beakraus 40-41c, 40-41ca, 40-41cb; Keith Bishop 91fbr; casejustin 1 (moon), 1fbl (symbol), 1 (star); Norman Chan 59tl; cosmin4000 50crb; Ever 51bc; Jeanine Groenewald 65bc; Jaap Hart 52-53t; Jon Helgason 66-67 (plate); Anna Kazantseva 33br; Kathy Konkle 6tr, 13bl; Iurii Konoval 28br; Jakub Krechowicz 12cra, 12fcra, 51c; Pradeep Kumar 63br; Brandon Laufenberg 1c (symbol); MaleWitch 31tc; Brent Melton 1 (cross); Paul Morton 66-67bc (meat); ninian 26l; Thomas Perkins 5clb, 20cr, 52-53 (hands); ranplett 51cla; Richard Robinson 91fcla; Frans Rombout 51bl; James Steidl 21ca, 27cb. Mary Evans Picture Library: 26cb; AISA Media 10br. NASA: ESA, and the Hubble Heritage Team (STScI/AURA) - ESA/Hubble Collaboration 14bl (background). Photolibrary: Age Fotostock/Kevin O´Hara 42br; Eye Ubiquitous 68cl; Photononstop/Ben Simmons 64c. SuperStock: Image Asset Management Ltd. 91fcra; IndexStock 65cb; V. Muthuraman 32bc; Robert Harding Picture Library 12bl. Wikipedia: William Miller 93fcra.

Jacket images: Front: Alamy Images: Chris Howes/Wild Places Photography (stonehenge); Nikreates (bird). The Art Archive: Musée Guimet Paris/Alfredo Dagli Orti cr (painting). British Library: (page from the Qur'an). Dorling Kindersley: The American Museum of Natural History (rattle); Ashmolean Museum, Oxford (headdress); The British Library (scroll); The British Museum (ring), (censer); Glasgow Museum (bible); St Mungo, Glasgow Museums (candlestick); Rough Guides (window); Russian Orthodox Church, London (mitre). Getty Images: Photographer's Choice/David C Tomlinson (angel); Taxi/Keren Su cb (painting); Workbook Stock/David Henderson (mosque). iStockphoto.com: casejustin (moon), (star), clb (symbol); Brandon Laufenberg c (symbol); Brent Melton (cross); Andrzej Tokarski b. Press Association Images: John Phillips/UK Press ftr. Back: Getty Images: The Bridgeman Art Library/Indian School cl. iStockphoto.com: casejustin bl, tl. Spine: iStockphoto.com: Brent Melton (cross).